宇宙を貫《つらぬ》く幸せの法則

小林正観
Kobayashi Seikan

致知出版社

宇宙を貫《つらぬ》く幸せの法則＊目次

第一章　宇宙を貫く「ありがとう」の法則

第二章 「幸せ」に関する100の法則

第三章　神様に好かれる人になる法則

装幀——村橋雅之

第一章

宇宙を貫く「ありがとう」の法則

「ありがとう」の五文字には不思議な力が秘められています

ここに、どのような時も「ありがとう、ありがとう、ありがとう」と繰《く》り返し、繰り返し唱《とな》えている人がいるとします。するとその人は、言葉の波動《はどう》を受けて体内の水や血液が再生し健康体になります。精神も豊かになり、人間関係も円滑《えんかつ》になってきます。そして、「ありがとう」の数がある一定の数を超えた場合、奇跡《きせき》としか言いようのない現象となって、その人に降り注ぎます。「ありがとう」を宇宙に発し続けていれば、「ありがとう」と言わざるを得ない現象を次々に招《まね》き寄せてくれるのです。

しかし、いきなりこういう切り口から話を始めても、否定的に受け取ここに、どのような時も「ありがとう、ありがとう、ありがとう」と繰り返し、繰り返し唱えている人がいるとします。するとその人は、言葉の波動を受けて体内の水や血液が再生し健康体になります。精神も豊かになり、人間関係も円滑になってきます。そして、「ありがとう」の数がある一定の数を超えた場合、奇跡としか言いようのない現象となって、その人に降り注ぎます。「ありがとう」を宇宙に発し続けていれば、「ありがとう」と言わざるを得ない現象を次々に招き寄せてくれるのです。

る方もおられるでしょう。世の中には多くの宗教があり、精神世界の不思議を説いているからです。しかし、最初にはっきりさせておきますが、私は宗教者でもなければ、いかなる宗教団体に所属したこともありません。むしろ逆に、若い頃は学生運動に明け暮れていた唯物論《ゆいぶつろん》者でした。いまも唯物論者です。

三十年来超常《ちょうじょう》現象や人間の潜在《せんざい》能力に関心を抱き、その因果《いんが》関係を研究してきました。私自身、偶然とは考えられない、いくつもの神秘的な出来事にも数多く遭遇《そうぐう》し、その結果、宇宙にはある種の方程式があることが分かりました。でも、私は唯物論者です。むやみに神仏を信じたり、すがるようなことはしません。一つの現象が仮定された場合、何度も実証を重ねて、客観的な事実として確認する、という作業を繰り返して宇宙法則にたどり着きました。

二万回の「ありがとう」が奇跡的な現象を引き起こしました

「ありがとう」という言葉の力を調べるために、次のような実験を行いました。二つのペットボトルを準備し、一つには「ありがとう」、もう一つには「ばかやろう」と書いて東京都の水道水を入れます。

一晩置いた水を凍《こお》らせて結晶を撮影すると、「ありがとう」と書いた水道水だけに、宝石のような美しい結晶ができるのです。一方の「ばかやろう」と書かれたほうは、かわいそうなくらい無残に変形します。

いろいろな水を使って実験を繰り返しましたが、結果は一緒でした。

人間の体は七〇パーセントが水でできています。だとすれば、「ありがとう」の言葉を投げかければ、この実験と同じように体内の血液や体

「ありがとう」という言葉の力を調べるために、次のような実験を行いました。二つのペットボトルを準備し、一つには「ありがとう」、もう一つには「ばかやろう」と書いて東京都の水道水を入れます。

一晩置いた水を凍らせて結晶を撮影すると、「ありがとう」と書いた水道水だけに、宝石のような美しい結晶ができるのです。一方の「ばかやろう」と書かれたほうは、かわいそうなくらい無残に変形します。

いろいろな水を使って実験を繰り返しましたが、結果は一緒でした。

液も変わり、健康を維持できるのではないか。私はそのように仮定し、そして実証してきました。「ありがとう」を唱え続けたがん患者からがん細胞が消えたり、医者から失明を宣告された人がいつのまにか目の病が癒《い》えていたり、手術が必要と言われていた子どもさんの心臓の穴が塞《ふさ》がったり、各地で信じられないような奇跡が次々と起きたのです。

ある講演会場での話です。末期がんと診断された人が、会場の前に出て「私は生き延びたいから、ありがとうの声をかけてほしい」と全員に呼びかけました。そこで集まった二百人が一分間百回、合計二万回のありがとうを浴びせました。ありがとうを言うみんなの目からは涙が溢《あふ》れ、会場は何とも言えない温かい雰囲気に包まれました。そして三日後の精密検査で、その人の体からがん細胞が消えた、という報告が届きました。（ただし、講演会は「病気の人を治す会」ではないので、一つひとつのリクエストには応じられません。実験的な実例を示しました。）

年に四回、宇宙からのメッセージが届きました

言葉の使い方によってもたらされる現象を「言霊《ことだま》」という表現で解説することがあります。しかし、私の話は「言霊」という専門的な言葉を使う必要はなく、あくまでも事実そういうことが起こる、という実証結果です。そのことを改めて確認しておきたいと思います。

ただ、これから先のお話は、唯物論者のわりには、いささか怪《あや》しげだと受け取られるかもしれません。しかし、これも私が確認した事実としてお話ししなければならない内容です。

三十年ほど前から私には毎年三月、六月、九月、十二月の八の日に、宇宙法則が飛び込んできました。しかし、それは幻覚《げんかく》でも想像の産物で

もありません。一つの概念が、ある種のインスピレーションのように、ボンと頭の中に宿るのです。放っておくと、夢のようにすぐに忘れてしまうので、二十秒以内に書きとめておくことにしていました。

メッセージの中身はさておき、私は唯物論者ですから、来たメッセージをそのまま鵜呑《うの》みにはしません。鵜呑みにすることは大変危険だからです。他次元のメッセージを受け取る人は世の中には多くいらっしゃるようですが、魔界にいる魑魅魍魎《ちみもうりょう》の声をむやみに信じて傲慢《ごうまん》になり、やがて自滅していくケースも少なくありません。

私は精神世界の人間ではなく、宇宙法則の研究家です。ですから、友人や知人百人にその内容を話して、客観的に考えてもらいます。仮に一人でも「それは間違いだ」と反論する人があれば、お蔵入りにして内容を公表しないのが私の確認方法でした。

メッセージでは「ありがとう」の奇跡は三段階で起こるそうです

一年に四回、三十五年間で百四十のメッセージが私に届きました。ボーナスのように届くものがこのほか年一回ほどあるので、これまでに受けた宇宙法則は約百七十五になります。そして、その内容を友人知人に確認するのですが、結果は、百七十五のすべてについて、これまでただの一人の反対者も出ることがありませんでした。

さて、二〇〇一年九月八日に届いた情報の中身です。メッセージによると、「ありがとうを数多く唱えると奇跡が起きる」というのです。具体的には「ありがとう」を年齢×一万回、三十五歳の人だったら三十五万回以上唱えると第一段階の奇跡が起きる。望んでいたことが実現す

二〇〇一年九月八日に届いた情報の中身です。メッセージによると、「ありがとうを数多く唱えると奇跡が起きる」というのです。具体的には「ありがとう」を年齢×一万回、三十五歳の人だったら三十五万回以上唱えると第一段階の奇跡が起きる。望んでいたことが実現する」という内容でした。

る」という内容でした。

私はその五年ほど前から「ありがとうを言っていたら、何かいいことが起こりそうだ」と気づいて仲間に話していたので、少しずつ口にしていた人もいたのですが、二〇〇一年になってその数が八十万回、百万回に達する人が出てきました。すると、その人たちの間で、絶対に合格が無理そうな大学に入学できたり、難病が治ったり、といろいろな奇跡が起き始めたのです。

さらに、その次のステップとして年齢×二万回のありがとうで第二段階の奇跡、年齢×三万回で第三段階の奇跡が起きるというメッセージが届きました。第二段階の奇跡とは、ある人がありがとうを唱えることで、その家族や友人が考えてもいなかった現象を手に入れること。第三の奇跡になると、本人も家族も友人も誰も念じたことも考えもしなかった現象が勝手にどんどん降ってくるのだそうです。

さらに、その次のステップとして年齢×二万回のありがとうで第二段階の奇跡、年齢×三万回で第三段階の奇跡が起きるというメッセージが届いています。第二段階の奇跡とは、ある人がありがとうを唱えることで、その家族や友人が考えてもいなかった現象を手に入れること。第三の奇跡になると、本人も家族も友人も誰も念じたことも考えもしなかった現象が勝手にどんどん降ってくるのだそうです。

なぜかはわかりませんが、確かに宇宙法則は奇跡を呼ぶのです

このメッセージが届く前年の二〇〇〇年、私はアメリカの大学から心理学博士号を授与されました。私は何も知らなかったのですが、私の本の内容が、かなり良いというので私に博士号を贈ると決めていただいたようです。思いもかけぬ事件でした。奇《く》しくも確認証が発行された十一月九日は私の二十世紀最後、五十二歳の誕生日でしたので、向こうから「こういう偶然が本当にあるのか」と電話してきたほどでした。

そして、実はこのとき、私の「ありがとう」の回数が年齢（五十二）の三万倍を超え百六十万回に達していたのです。

メッセージの送り主は、宇宙の方程式を教えても私が簡単に信じない

ことをわかっていました。ですから、実際の現象を味わわせた上で、方程式が厳《げん》として存在していることを私に知らしめたのかもしれません。

私は宇宙法則の研究家ですが、方程式そのものには関心があっても、「なぜそうなるのか」という部分には興味はありません。法則に則《のっと》ると確かに信じられないようなことが起きます。それがおもしろくて、これまで研究を続けてきました。

しかし、それは宗教でいう信じる信じないというレベルの話ではありません。実際にやってみれば誰もが結果を出せます。言葉の力を「言霊」として説明しない理由もそれです。

だから、私の話は人格論や精神論ではありません。私は正しい生き方をしよう、とか、立派な人になりましょう、といった話は好きではないし、他人にそういうことを説かないようにしています。他人がどういう生き方をしようと私には関係ないと考えるからです。

愚痴、泣き言、悪口などは自分の体を痛めつける毒になります

誤解を恐《おそ》れずに言えば私の価値基準は一つ、損得勘定《そんとくかんじょう》です。つまり自分にとって得なことはやるけれども、損なことはやらないというそれだけです。それは他のどの先生とも違うところかもしれません。

おもしろいことに、損得勘定が完全に頭に入ってしまうと、人間は声を荒《あら》げなくなります。イライラしなくなります。声を荒げイライラした結果、人間は自分で毒素を出して、その毒液が五臓六腑《ごぞうろっぷ》をどんどん痛めつけます。誰が一番損をするかというと、その言葉を発した本人なのですから。

こういう実験があります。一升瓶《いっしょうびん》に普通の心理状態で息を吹き込み、

そこにハエを一匹入れると四十分くらいで窒息《ちっそく》死します。ところが、激怒した状態の息を吹き入れて同じ実験をすると、中のハエは三分ぐらいで死んでしまいます。毒死です。人間が怒ったときは自分で気づかないだけで、毒気を吐《は》いているのです。

私たちは体調が悪いとき、よく愚痴《ぐち》や泣き言をこぼしているように思っているでしょうが、実は不平不満、愚痴、泣き言、悪口、文句（私はこれらを五戒と呼んでいます）という否定的な感情が肉体を蝕《むしば》んでいるらしいのです。

私と親しいある外科医の話ですが、患者の家庭環境を分析した結果、怒鳴《どな》り合っている環境で生活している人と、穏《おだ》やかな言葉が飛び交う家庭で生活している人とでは、明らかに前者のほうが病気になる確率が高いということがわかったといいます。

宇宙の方程式からすれば、先ほどの実験のように、「ばかやろう」「つらい」「悲しい」といったネガティブな言葉が体内の水の細胞を破壊し、それが病気を招く原因となります。言葉の持つ力は大変なものです。

肉体についてだけではありません。仕事も同じです。たとえば民宿の経営でいえば、家族や職員が喧嘩《けんか》していたり、いがみ合ったり、仲が悪かったりすると、外見は立派でも本当にお客さんが来なくなるという現象が実際に起きてしまいます。

七つの「祝福神」を唱えるだけで、幸せな人生がつくれます

では、反対に自分が最も得をする生き方はどういうものでしょうか。考えなくても自《おの》ずと答えが出てくるでしょう。何よりも大事なのは笑って愉快に生活すること。そのために私たちが発すべき言葉は「うれしい、楽しい、幸せ、愛している、大好き、ありがとう、ついている」の七つ（これを七福神ならぬ「祝福神」と呼んでいます）です。そうすれば健康になるし、幸せになれるし、つまりは自分の人生にとって大変得になるということになります。これらの「祝福神」を、せっかくなら心で思うだけでなく実際に声に出すとよいでしょう。小声でもいいから声帯《せいたい》を震《ふる》わせることで、その感触《かんしょく》を体全体の細胞が記憶するからです。

もうひとつ大切なことがあります。宇宙の方程式から見て、ありがとうを繰り返し言っているといいことが起きる、というお話をしました。しかし、心を込めなさい、とは言っていません。心は込めなくてもいいというのが私の考えです。これも他の先生と大きく違う点です。もちろん、心を込めるにこしたことはありませんが、込めなくても大きな効果が得られるところが「ありがとう」のすごいところです。

たとえば、自分に意地悪《いじわる》をする姑《しゅうとめ》に心からありがとうを言うことはなかなか困難です。でも、心を込めなくてもいいと教わると、気楽にできるでしょう。姑というより宇宙に対してどんどんありがとうを発信するつもりでやればいい。その結果、なぜか姑との関係は驚くほどよくなっていきます。こういう実例は、数多く報告されてきました。

唯物論的に言えば、ありがとうという言葉の振動が水蒸気に伝わり、直接相手の鼻から吸収される、と説明できるかもしれません。

何よりも大事なのは笑って愉快に生活すること。そのために私たちが発すべき言葉は「うれしい、楽しい、幸せ、愛している、大好き、ありがとう、ついている」の七つ（これを七福神ならぬ「祝福神」と呼んでいます）です。

自分の発した言葉で自分の人生をつくるのが人間です

私はいま潜在能力研究家、心学研究家、心理学博士、教育学博士、社会学博士、作詞家、歌手、デザイナーなど多くの顔を持っていますが、もともとの仕事は旅行作家です。少年時代から旅が好きで、いろんなところに足を運びました。大学時代は学費や生活費を稼《かせ》ぐために、雑誌などに旅の記事を送り付け、それがそのまま卒業後の仕事になったのです。

学生時代から潜在能力の開発や超常現象に興味を持っていたので、人相や手相も多くの本を読んで勉強し、統計上のデータから編み出した小林正観的観相学は「よく当たる」と旅先でもけっこう評判になりました。人生相談も増え、いつのまにか宇宙法則の研究に本腰を入れるようになり、いままでは全国を飛び回って年間三百回ほどの講演をこなしています。

　自分でも不思議なのは、これだけハードな仕事をこなしているにもかかわらず、この五十年、一度も病気をしていないことです。睡眠時間は四時間から五時間、眠いことはあっても、肉体的、精神的にまったく疲れを知りません。多くの素晴らしい仲間に囲まれ、悩み、苦しみ、悲しみも皆無《かいむ》です。これも「祝福神」のおかげだと思っています。

　人間は自分の発した言葉で自分の人生をつくります。私の周囲の環境や、自分が立たされた状況はすべて自分の発した言葉によって形成されていきます。

　ですから、朝から晩までうれしい、楽しい、幸せ、愛している、大好き、ありがとう、ついている、と言い続けると、この言葉しか言いたくなくなる人生に囲まれてしまいます。私の周りの多くの人がそうなってしまいました。

「ありがとう」と唱えれば誰よりも自分が豊かになります

次のような宇宙法則があるようです。七つの「祝福神」を年間、五千回唱える人は、その言葉を再び言いたくなるような現象が来年、五千回降ってくる。逆に、嫌だ、嫌いだ、疲れたという否定的な恨《うら》み言葉を五千回発すると、その言葉を言いたくなるような現象が、来年五千回降ってくる――と。もちろん五万回発すれば五万回、十万回発すれば十万回降ってくるという意味です。私は自分や仲間たちの身の回りに起こる現象を知れば知るほど、このメッセージが正しいと納得せざるを得ません。

損得勘定で七つの「祝福神」を繰り返し口にしてきました。でも、いつのまにか、夕焼けを見ては「きれいだなあ、楽しいなあ」と感動し、次のような宇宙法則があるようです。七つの「祝福神」を年間、五千回唱える人は、その言葉を再び言いたくなるような現象が来年、五千回降ってくる。逆に、嫌だ、嫌いだ、疲れたという否定的な恨み言葉を五千回発すると、その言葉を言いたくなるような現象が、来年五千回降ってくる——と。もちろん五万回発すれば五万回、十万回発すれば十万回降ってくるという意味です。

お茶を一杯飲むのでも「ああ、幸せだ。ありがたい」と心から喜べるようになっていることに気づきました。口先だけだったありがとうを何万回、何十万回と繰り返すうちに、身の回りのありとあらゆることが本当にありがたいと思えるようになりました。損得勘定でやってきたら、最後には一つひとつのありがとうの言葉に真心がこもるようになりました。そして、いま本当の幸せを実感しています。

宇宙に対してありがとうの言葉を投げかけていると、誰が一番豊かになり得をするのか。それは自分です。

宇宙の方程式はシンプルですが、やればやるほどその深さに驚くことでしょう。

第二章

「幸せ」に関する100の法則

1 神様と付き合う方法

おもしろがった人の勝ち。神様はおもしろがった人に味方するのです。

2　そわか

「神が、人間の成《な》す行為《こうい》の中で好きなものはどんなものだろう」と考えていたら、「そわか」の三文字に思い至りました。

「掃除」の「そ」、「笑い」の「わ」、「感謝」の「か」の三文字です。

人間の行為・行動の中で、神が好むベストスリーが「そわか」。この三つの行為を続けている人間を、どうも神様が応援しているように思えます。

3　すべて笑顔で

次から次へやってくる現象に対して、どんなことがやって来ても、愚《ぐ》痴《ち》を言わない。泣き言を言わない。落ち込まない。それから相手を攻撃しない。非難しない。中傷しない。それを笑顔で受け止めて「あー、これが私の人生なんだね」って思って、笑顔で生きていくことが今生《こんじょう》でのテーマなんです。

4 三秒で悟る方法

人間が「悟《さと》る」ためには、実は何十年もの修行《しゅぎょう》は必要ありません。一番短くて「三秒で」「悟る」こともできるのです。

一秒目。過去の全《すべ》てを受け入れる。今まで自分の身に起きたことは、すべて自分に必要だった、と思うこと。

二秒目。現在の全てを受け入れる。

三秒目。未来の全てを受け入れる。

5 人生というシナリオ

人生は自分が書いたシナリオ通りだ……。それが納得できると、やってくる現象一つ一つに対して、あれこれ論評や文句を言わなくなります。逆に、自分が書いたシナリオが今日どんな形で現れてくるのか、わくわくしながらその現実を見られるようになります。このシナリオは、いい悪いがありません。何が起きても何が来ようといいんです。淡々と過ぎていく現実を見ていればいいのです。自分が書いたのですから。

6 〝私〟がすべてを決める

宇宙は、すべてゼロ状態で、ものごとが淡々と起きているだけなので、それをどうとらえるかは、全部〈本人の趣味〉の問題です。〝私〟がすべてを決めているのです。

7　この世を生きる三つの意味

この世を生きるということは、雨あられのように降ってくるありとあらゆる現象に対して、いかに不平不満を言わないようにするか、これが第一段階です。さらに同じ現象に対して不平不満を言わないどころか、いかにその現象の中に「うれしい・楽しい・幸せ」を見つけるか、これが第二段階です。最後に同じ現象の中で、いかに「ありがとう」と感謝することができるか、これが第三の段階です。

人間は、結局これが問われているのだと思います。

8 宇宙任せで生きる

私は、事故に遭《あ》うことも、病気になることも、死ぬことも、仕事に関することと、財産に関することなど全て、「宇宙任《まか》せ」（神任せ）なのです。「好きにしてください」という状態です。いやいや、別にひねくれているわけでもなく、世をすねているわけでもありません。「流れ」を全て受け入れるようにしているというだけです。

あるところで、ある示唆《しさ》や、暗示的偶然の重なりが、必ずあります。その示唆に対し、抵抗しない。「こうしてみたら」という宇宙的示唆を感じたら、そのとおりにする。

生き方、仕事、方向、全て、私はそういう「流れ」が感じられたときは、それが宇宙からの示唆だと思い、その示唆を指針としてきました。

9 言えば言うだけ

自分の口からでてくる言葉は、「言えば言うだけもう一度それを言いたくなるような現象が降ってくる」というのが、宇宙の法則です。

10 ありがとう

心を込めなくてもいいから、「ありがとう」をたくさん言っている人には、「ありがとう」と言いたくなるようなことが次から次へと起きてくることになります。

あまりにも面白《おもしろ》い現象がたくさん出てくるものですから、今度は本当に心から「ありがとう」を言い、自分も周りから「ありがとう」と言われるような行動をしたくなります。それがずーっと繰り返し続くわけですから、そういう人たちは、もう「ありがとう」しか出てこないような人生を送ることになる、というのがどうも真実らしい。

もし、この法則を使いこなすことができたら、人生、面白くて仕方ないという状況になるでしょう。

11 そばにいるのが楽しい人

社会の問題を自分でいっぱい抱え、暗い顔して悩んでいる人がいます。その人は問題点を次から次へと列挙してくるだけだから、たぶんその人のそばにいても楽しくないと思います。ところが、いつもニコニコしながら、今日も空がきれいだとか、庭の花がきれいに咲いたとか、いつも楽しい言葉がその人から出てくるとします。その人のそばにいるのが楽しくなりますよね。

12 自分が太陽になる

目の前に心を閉《と》ざした人がいるとします。あなた、氷のままではいけません、暖《あたた》かい人になりなさいなんて一般的に気安くいえません。方法論もなく効果のほども知らず、というのでは喧嘩《けんか》になるかもしれません。

でもたった一つ、方法があります。「自分が太陽になる」ことです。自分が北風のままであれば、その人の氷はいつまでも溶かせません。自分が自分で太陽になる……、これは簡単です。相手を変えるのではなく自分が変わるのですから。

小乗仏教でいう「自分が悟ればいい」のです。自分が太陽になればそれでいいのです。自分が太陽になれば、その結果、周りの人が安らぎを覚えて暖かくなり、楽しくなり、やる気が出てくるかもしれません。

13 許せない人

人間は、五十年間許《ゆる》せない人に対しても、感謝することはできるのです。もし、あの人が嫌《きら》いだとか、許せない、どうしても好きになれない、呪《のろ》いの対象である、憎《にく》しみの対象であるとか、その感情を自分で抑《おさ》えることができないという人がいるとすると、その人を許す必要はない。好きにならなくてもいい。ましてや尊敬なんてできなくてもいいのです。

でも、「感謝することはできるか」ということを考えてみてください。もしかすると、その人に感謝することはできるかもしれません。

14 マイルドになる

高級とか一流と言われるものに共通しているのは、「マイルド」であるということに行きつきます。宇宙の中で優《すぐ》れものになるということは「マイルド」になっていくということなのかもしれません。

人間も、怒鳴《どな》って怒ってすごい気迫を発しているという状態から、穏《おだ》やかな方向へ向かっていくこと、「マイルド」になっていくことが、人格が上がっていくことなのでしょう。

15 幸せの本質

「しあわせ」の語源は「為《な》し合わせ」。「仕合わせ」でもある。お互いにしてあげることが、「幸せ」の語源であり、本質です。

16　人間は温かいものが好き

「正しいことを言えば、わかってもらえる」とか「これは常識的なことだから」と考えるのですが、人はいつも〈正しい〉ことを受け入れるのではなくて、〈温《あたた》かいもの〉を受け入れるのです。

人間関係が、柔らかく温かいものであれば、問題は必ずクリアされていきますが、その人との関係がうまく形成されていなければ、いくら正しいことを主張しても、相手は聞き入れてはくれません。

まず先に、基本的な人間関係を築くことが大切です。親子でさえも。

17 ニコニコ

人間は基本的には良心の塊《かたまり》です。あなたが嫌な顔をせず、ニコニコやっていれば、頼んだ方の人の心に「借り」（やってあげた人にとっては「貸し」）ができます。その「借り」は目に見えないものですし、数字にも出てきません。しかし、絶対にイライラしたり、とげとげしい態度をとらずに、快《こころよ》く（これが大事です）やってあげていると、どんなに気性《きしょう》の荒い人でも、威張《いば》っている上司でも、それが「借り」になっていきます。そういう「借り」や「貸し」をつくる状況をその上司が与えてくれたという見方をすれば、それは非常にありがたいものになるでしょう。

「人間関係を『貸し』『借り』でとらえるのはイヤだ」という人も、当然います。「そう考えるべきだ」と言っているのではなくて、「そう考えるとイライラしなくなるかもしれませんよ」という提案をしています。

18 上下関係の軸は尊敬

上司だからえらくて、部下がコントロールできるのではない。親だから、というだけで、全く無条件に子供が言うことを聞くわけではない。同様に、先生が上だからといって、無条件に生徒が言うことを聞くわけではないのです。常にそこには「尊敬」という概念が必要です。それがあれば、上下関係は、スムーズに流れます。逆に「尊敬」の概念がなければ、必ず行き詰《づ》まります。

19 〝命〟という字

〝命〟という漢字は、面白いことに〈人は一回叩《たた》かれる〉って書いてあります。本当の文字の成り立ちはちがいますが、とりあえず文字の見た目でいうと「人は一回叩かれる」のです。命を頂いている人は、必ず一回は叩かれますよ、ということかもしれません。大きな病気や事故や災難に遭《あ》う。でもその結果として、魂《たましい》が鍛《きた》えられるんだ、ということを教えてくれているのではないでしょうか。

20　五〇パーセントの法則

温かい言葉や環境が一〇〇パーセントだったら、その人は駄目になる。冷たい言葉や環境一〇〇パーセントでも、やはり駄目になる。では、最も確実に人を成長、向上させるのは…。

そうです。暖かい言葉や環境五〇パーセント、冷たい言葉や環境五〇パーセント、それが最も人間を向上させる。ですから、人生は常に、温かい側の人間五〇パーセント、冷たい側の人五〇パーセントです。そのように自分で設計し、それぞれの人にお願いし、居てもらったのです。

一〇〇パーセントの人に好かれようと思うからつらくなる。半分は批判者だ、と思うと人生が少し楽になります。

21 相手をまるごと受け入れる

すべての人間関係は、その人がその人であるという、そのことをまるごと受け入れるということ。その訓練（結果としては「喜び」になる）のために私たちはこの世に生命をいただいているのかもしれません。

目の前の人が、自分の考え、生き方、価値観とは違うということを認めること。それを学びにきている。妻と夫がお互いにぜんぜん違うということを認識すると、喧嘩《けんか》をしなくなる。分かり合おうとか、説得して理解をしてもらおうとか、思わないほうがいいようです。相手をまるごと認めると、互いに楽になれるのです。

22　今、幸せの中にいる

「幸せ」とは「何かを得る」とか「欲しいと思っていたものを手に入れる」ことではなく、「今の自分が『幸せ』の中にいること、『幸せ』の中に存在していること」を知ることです。

欲しいものを得たいとか、今以上の何かを得たいなど、自分以外の外に求めるものがあり、それが求められた、得られた、ということで「幸せ」を感じるならば、人生は実に苦悩に満ちたものでしかないでしょう。思いどおりに得られるものなど、ほとんどないからです。「得る」ことや、「手に入れること」を考えている間は、本当の「幸せ」は手に入ることはないように思います。

23 「はた」を「らく」にする

この世に生を受けた目的とは、いかに喜ばれる存在になるかということです。そして、喜ばれる存在になるということはすなわち、自分が体を使って汗を流していると周りを楽にするということ。周りのことを「はた」と言いますが、「はた」を「らくにする」というのが「働く」という意味かもしれません。

ちなみに、周りの人に迷惑をかけることを、「はた」に迷惑をかけるというので「はた迷惑」という言葉があるわけです。「はた迷惑」の反対語が「働く」です。

24 仕事の意味

〝仕事〟という言葉を使うと、〝お金を得るための労働〟と考える人がいるでしょうが、もともと〝仕事〟という言葉の中には、お金を稼ぐという意味は、どこにもありません。「事」に「お仕えする」と書いてあります。何のことにお仕えするかというと、「喜ばれること」に「お仕えする」こと。

頼まれごと、人に喜ばれることをたくさんやっていくと、忙しくなりますが、忙しい状態というのは英語でbusy（忙しい）＋ness（状態）と言います。Businessという言葉は〝忙しい〟というのを名詞にしただけで、〝お金を稼ぐ〟という概念はありません。

仕事というのは、喜ばれる存在になること。頼まれごと、喜ばれることに我が身をお仕えさせることが〝仕事〟ということです。

25 状況をすべて受け入れる

今現在、取り囲まれている状況をすべて受け入れる。現在も受け入れる。そして未来のことも全部受け入れる。そうやって、受け入れて感謝に変わった瞬間に、宇宙全部があなたを全面的にサポートする方向で動き出します。

26　すべて「お蔭さま」

自分の力で商売をやっていると思っている人は、どこかで必ずひっくり返されます。神様、「お蔭《かげ》さま」は、驕《おご》り、高ぶり、自惚《うぬぼ》れ、傲慢《ごうまん》さが嫌いみたいです。この方たちが一番好きな概念は「謙虚さ」というものです。

結局、対人間ということも、会社を経営することも一緒。全部、自分でやっているのではなくて、「お蔭さま」でできていることがわかってしまうと、商売のコツがわかるでしょう。

すべて、「お蔭さま」です。「お蔭さま」で成り立っています。

27 神様を使いこなす

私たちは、長生きすることがテーマなのではありません。生きている間にどう喜ばれるか、だけです。それを実践して生きていくことが、「神様を使いこなす」という意味です。喜ばれることをやっていれば、神仏が支援の側にまわる可能性がある。

28 「楽しい」と「正しい」

自分が「楽しい」と思えることをまず考えましょう。

〈楽しい〉というのは、〈正しい〉とらえ方なのです。

〈正しい〉と〈楽しい〉は、一字違いで一緒なんです。ある方向性を持っているわけです。正しく生きるということは、楽しく生きるということです。〈楽しい〉ことが〈正しい〉ことと思ってください。

そうすると、自分が楽しく幸せに生きているのだから、人が楽しいことをやっていても認められるし、気になりませんね。ニコニコ笑って見ていられるわけです。

楽しくラクに生きている人は、周りもラクで楽しい、ということですね。

29 幸せの三つのかたち

人間の「喜び」や「幸せ」というものは、どうも三つのかたちをとるのではないかと、私は思ってきました。

過去、自分に起きたことを全て「受け入れる」こと。それが全部自分に必要だったと思うこと。そう思うことで、その一つ一つのこと全て、感謝の対象になります。これが第一のステップである「幸せ」です。

第二のステップは、その全ての過去を受け入れた延長線上にあるのですが、現在の全てを受け入れることです。現在の自分を取り巻いている状況を全て受け入れて、それに「感謝する」ことです。過去の全てを受け入れるのと同じように、全てを受け入れるというのは、「それがなければ、現在の自分がないのだ」と思い定めることです。そうすると、全てが感謝の対象になってきます。それは全て「喜び」になり「幸せ」になり、感謝の対象になるのです。

三つ目の「幸せ」というのは、「自分の存在が『感謝される』」という「喜び」です。自分の存在が（自分がこの世に生まれたことが）、感謝され、喜ばれるという「幸せ」を一度味わってしまうと、〝至上の喜び〟です。もう引き返すことはできません。この「喜び」や「幸せ」を味わうと、何回も何十回もそれを味わってみたくなります。この「喜び」は、三次元的な「喜び」とは全く異質なもので、「魂がうち震えるほどの喜び」です。

30 挫折・苦難の意味

人一倍、大きな飛躍をする人には、人一倍大きな一般的に言う挫折《ざせつ》・つらいことが来ます。そのときに、ぐずぐず〈不平不満、愚痴、泣き言、悪口、文句〉—これらを〈五戒〉と言いますが—を口にするかどうかを、実は神さまから問われている。五戒を言わなくなるとプログラムが見えてきますね。随分《ずいぶん》、試《ため》されているなというのがわかります。

千人のうち九百人が「つらいでしょうね」「大変ですね」という出来事を、マイナス九百ポイント、と設定します。これらに「五戒」を言わないと、九百ポイント獲得。さらに、それに「感謝」までできた人は、プラス九百ポイント加算。つまり千八百ポイントが得られるのです。

31 成長の法則

物事は右肩上がりに徐々《じょじょ》に上がっていくのではなくて、変わらない状態がしばらく続いた後、〝ポン〟と上がり、またしばらく横這《よこば》い状態がつづいて、また〝ポン〟と上がる、という成長のしかたをするらしいのです。

32　頼まれごとの人生

〈不平不満、愚痴、泣き言、悪口、文句〉を一切口にしないという生活を三か月から四か月続けてやっていると、頼まれごとが始まります。

頼まれごとというのは、自分にできないことは来ませんから、頼まれごとは頼まれたらやる。でも、どうも単なる頭の数合わせのようなものだったら、断ってもいい。自分が尊重されている場合やこの人でなければというものであれば、基本的に全部引き受けましょう。でも、すでに先約が入っているものについては「ＮＯ」と言っていい。

頼まれごとが始まったら、ただひたすらやっていく。それが〈頼まれごとの人生〉です。そうすると自分自身がある方向のもとに、使われているということに気がつきます。〝使われる命〟――これが、使命、天命と言われているものです。

33 「喜ぶ人を喜ばす」のが神様の特性

私たちが、身の回りにうれしい、楽しいことを起こしたいと思ったら、ただひたすら喜んで、うれしがって、幸せだ、ツイてると思うこと。そうすると神は、人間を喜ばせたくてしょうがない存在なので、喜べば喜ぶほど、もっと喜ばせてくれる。しかし、してあげたにもかかわらず、何の感動も喜びもないと、「じゃあ、この分は喜ぶ人のところへ持っていこう」ということになります。喜び方の達人に対して、この「神」という方が、その喜びの内容をグレードアップしたくなるようなのです。

34 させてくださって、ありがとう

何かをしてもらって「ありがとう」を言うのは、「ありがとう」のすごさの半分くらいしか使っていないのかもしれません。

「ありがとう」は、してもらったときだけでなく、こちらがしてあげたとき、させていただいたときにも使えるのです。「させてくださって、ありがとう」。

人のためではなく、自分からしてあげることでたくさんの「ありがとう」（させてくださって、ありがとう）を言うことができるというのは、なんとも楽しいことではありませんか。

35　実践あるのみ

結局、私の言いたいことって、たった一言です。〝実践〟ということです。

「〝実践〟ってなんですか？」

どんなことがあっても、どんな状況でも決して〈腹を立てない、怒らない、イライラしない〉ということをやり続けていく……。常に現象の中から〈うれしい、楽しい、幸せ〉という言葉を引っ張り出してきて、そう言えるような日常生活を組み立てるようにすること。

難しいことではないでしょう。そういう言葉しか出てこない人がそばにいると、周りの人は、ものすごく温かく居心地《いごこち》のいい状態になります。温かい光を投げかけると、温かいから人が自然に寄ってくるんです。それを〝実践〟と言います。

36 男と女の法則

男は実は生命力が弱いので、偉そうにして強そうに見せてはいるのですが、実は支えてくれる人がいないと生きていけないように生物学的に神が造ったらしい。女は一人でも生きていけます。そして、空っぽの箱である男は、女が〝賞賛《しょうさん》〟というネジをまくと、一気に抜きん出た人物になり、新しい文化・文明を創り出し、時代の先端を切り開いていく、というふうに神は造ったらしい。

雷の日に凧《たこ》をあげていたバカな男の子がいた結果として、その子がのちに電気を発見するわけですが、そのような命があぶないようなバカなことを実行したり、変なことに興味を持つのは男がバカだからです。つまり神様は、男と女の両方がいないと種が存続できないと同時に、そうでないと時代がすすんでいかないというふうに造ったらしいのです。

37　夫の開花は妻しだい

夫に関しては、本当に心から思っていなくてもいいですから、何でもいいから賞賛を浴びせること。「そのオヤジギャグとってもステキよね」など、何でもいいのでとにかく褒《ほ》める。そうするとどんどん元気になり、よく働くようになります。男の才能を開花させるのは、女がカギをにぎっているのだということを、試してみるとおもしろい。女性は実は、「強い」「賢《かしこ》い」ということを、あまり表に出さないほうがいい。もともと男女は不平等な存在であり、男の方には非常に大きなハンディがあるのです。

これからは、かよわい男性を温かい目で見守ることにしましょう。

38　子供に好かれる親

好かれる親になるための絶対的な条件があります。子供は、自分では制御《せいぎょ》できない感情が、大人が制御できているのを見るとものすごく尊敬します。そしてそれを「大人」と認識する。制御できないのが「子供」。だから、「親」が自分に対して何を言っているか、何を指摘しているかということは問題ではなく、どんなときでも笑顔でニコニコして周囲と接している母親を尊敬します。そして、その尊敬している母親に言われたことは「はーい」と言ってやるようになる。その母親に好かれたいからです。

39 子育てしない子育て論

助け船を求めてきたら親は助け船になってあげる、という覚悟がある親のもとでは、子供はあまり踏みはずさないのではないでしょうか。困った時は無条件で受け入れる、それが宇宙的な「子育てしない子育て」論です。

40 自分がどう生きるか

自分がどう生きるかではなくて、自分以外の人をいかに自分の思いどおりにするかということが、自分の「悩み」だと思っている人が増えているようです。

自分以外のものを自分の思いどおりにするという考え方を全部やめる。

自分がどう生きるかだけをまず考える、というのはどうでしょうか。

41 幸も不幸も心しだい

「不幸も悲劇も存在しない。そう思う心があるだけだ」という意味で、世の中は全て「空」。同様に、「幸福」という名の現象も存在しない。現象としては全て「空」なのです。それを「幸福」と思うか「不幸」と思うかは、全て「私」の心しだいなのです。

42 悪口でわかる自分のレベル

サラリーマンをしている人で、自分の会社の悪口を言う人がいます。悪口というよりは、文句や愚痴なのかもしれませんが、「うちの社長はワンマンで、怒りっぽくて仕方ない」とか「専務や部長には困ったものだ」というようなことです。

私は、その上司を批判するサラリーマンに対して、こういう言い方をします。

「多分、今あなたがおっしゃったことは、間違っていないのでしょう。十人が十人とも同じように感じる事実に違いない。確かにそういう社長や専務、部長なのでしょう。しかし、そのどうしようもない上司と、同じレベルにあなた自身がいるのかもしれません」

というのが私の解釈なのです。

43 孤独な人

人の悪口を言うというのは、実はそれを聞いている相手が、自分に対して心を閉ざし、どんどん遠ざかって行くのだということを、ぜひ覚えておいてください。自分のいないところでは自分の悪口を言われているかもしれない、と友人は思います。次第に友人が遠ざかり、それはひいては一人一人の友人を失っていくということでもあるのです。

「悪口」は全て種まきです。種をまいたことを本人が忘れたころに、そこここで花を開かせます。その花とは「孤独」＝友人がいなくなること。気持ち良く言っている毎日の悪口が、あなたをどんどん孤独にしていきます。

44 「ありがとう」で生きていく

道具を大事にしている人は、必ず宇宙や神さま、仏さまから支援や応援があって、支えられているのです。

道具も含めて、私たちは身近な人たちに、とても世話になって生きているのではないでしょうか。

その人たちに対して「ありがとう」「ありがとう」と言いながら生きていると、その人たちは、その声が聞こえなくても、私たちを支援する方向に動いてくれるみたいです。

45 人格者とは実践者

どんな状況のときにも腹を立てない、怒らない、イライラしない、常に「ありがとう」を言い、常に出てくる言葉が肯定的であり、常に言動が人を和《やわ》らげたり、穏やかにしたり、励《はげ》ましたりするものであると同時に、トイレ掃除、水回り、フロ、洗面所をとことんきれいにする、ということをただひたすらやり続けている「実践者」のことを人格者と言います。

46 念を入れて生きる

「今」を大事にする「心」が、「念を入れて生きる」ということです。「念」とは「今」の「心」と書きます。今、目の前にある事・人・物を大事にすること、それが人生で今、唯一《ゆいいつ》、できること。

「明日」という日は永遠にきません。一晩寝て、起きたら、「今日」です。今しか生きることはできない。目の前の人のことしか大事にできない。

47 念を投げかける

周りの一人一人に「あなたは素晴らしい。もっと美しく、魅力いっぱいに花開いて」と念を投げかけていると、周りの人たちはどんどん素敵に、魅力的になります。素晴らしい友人に囲まれている人は、きっと、常にそういう働きかけを周囲にしている人に違いありません。

48 三つの「さ」

三つの「さ」を覚えてください。「ひたむきさ」と「誠実さ」と「奥深さ」です。「ひたむき」で「誠実」な仕事ぶりであったなら、その会社を辞《や》めても〃評価〃は残る。さらにもう一つ、「奥深さ」があったなら、〃あなた〃は「おもしろい人」「魅力的な人」として、生涯ずっと付き合っていきたい存在になる。それは同僚《どうりょう》からも上司からも同じ。

「辞めたら」この会社に二度と来ないだろう、同僚とも上司とも付き合いがなくなるだろう、という状態であるのなら、「辞める」のは数か月先に延ばし、「良い関係」になってから辞めるべきです。

49　二つの謙虚

「謙虚さ」というものを、私はよく話題にします。ひとつは、宇宙の流れや宇宙の意思に対して、自分の好き嫌いでものを選ばないこと。ほとんど自我がないことが「謙虚さ」であると言い続けてきました。宇宙から「こういうことをやりなさい」という提示があり、そのような流れが始まった時、その流れに船を浮かべ、流れに抵抗せずに下っていくこと。それこそが「謙虚さ」であるということです。

「謙虚さ」というものには、もう一つの側面があります。それは、自分が常に未熟《みじゅく》であり、完成された者ではないこと、まだまだ向上する余地があると自覚することです。そのように思っている結果として、勉強し続ける。ただ、これは、三次元的経済的な話ではなく、「こころ」や「魂」の分野の話。これも「謙虚」であると言えます。

50 すべての人が大事な人

家族を大事にするのと同じ距離感で他人にも対するというのがわかってくると、家族のしがらみに縛《しば》られることがだんだん少なくなってきます。「私」の目の前にいる人すべてが大事な人であると思うこと、それが宇宙の真実だと思います。

51 私の周りはいい人ばかり

「私の周りには感じのいい人ばかりが集まっている」と思ったとする。そういう人の見方をしていれば、今後も実際にその人の周りには「感じのいい人」が多く集まってくる。反対に、目の前の人に対して「この人は感じ悪い」とあらさがしをしながら人を見ている人というのは、意識がそっちのほうに行ってしまっているので、自分の周りに集まってくる人が、そういう方向に偏《かたよ》ることになるらしい。

52 真の友とは

「得る」ための「友」ではなく、「認識する」ための「友」が真の友、というのがお釈迦《しゃか》さまの言う「友」であるようです。

「こんなことを感じた」「こんなふうに思った」ということを語り合うことで、重荷を降ろし、楽になり、生きることが楽になる、そういう仲間こそが、お釈迦さまが言う本当の「友」ということになるのでしょう。

そう考えれば、「何か教えてくれる人」、「その人の一言、その人の気付きによって自分が楽になり、幸せになれる人」が、本質的な「友」であることが分かります。年齢が離れていようが、違う仕事であろうが、関係ありません。

53 「好運」がやってくる人

一人一人を大切にしない人に「好運」はありません。つまり、良いものが運ばれてくることはないのです。逆に、一人一人を大切にしている人は、「好運」を手に入れています。それは、金銭的、経済的にプラスになるということではなく、目に見えない「運のよさ」というものです。

「今まで自分は、運が悪かった」「ついていなかった」と嘆《なげ》く人は、もしかしたら、一人一人を大切にして来なかったのではないでしょうか。もう一度、自分の日常生活を見直してみましょう。経済や、報酬《ほうしゅう》、仕事というものに関わっていなくても、自分と縁のある人、不思議な偶然で出会う人、などが必ずいるはずです。その一人一人を、できるだけ大切にしていく。そうすることで、今までにない「好運」な日々が展開していくことでしょう。

54 自分から投げかける

自分自身がウツ病状態だと思う人は、「世の中が自分に何もしてくれない」「いいことが何もない」「悲しくつらいことばかりが待っている」という〝受け身〟の態度をやめ、自《みずか》ら「人に喜んでもらう」ことを次々にやってみることです。社会が自分に何をしてくれたか、くれるかと「受け身」を嘆くのではなく、自分から「投げかける」わけ。

例えば、空缶を拾《ひろ》う、落葉を掃《は》く、文学書の点字訳を手伝う、地域の資料を作る、郷土史を研究する、投稿する、絵を描く、書を書く、など。

人に喜んでもらうと、生きるエネルギーがどんどん湧《わ》いてきます。

55　倍返しの法則

宇宙法則として、「投げかけたものが返ってくる」というものがありますが、自分に返ってくるものについて「宇宙は倍返し」という方程式があります。そして、投げかけたものが返ってこないあいだ、不平不満、愚痴、泣き言、悪口、文句を一切言わない、ということで、二倍のものが返ってくるようです。非常に律儀《りちぎ》な律儀な「宇宙の倍返し」なのです。

56　喜びに囲まれる生き方

喜ばれるように生きていくと、喜びに囲まれることになる。簡単な構造です。どうも自分の人生が楽しいほうへ展開していかない、という人は、楽しいものを投げかけていないからかもしれません。だからイヤイヤやっている仕事はダメ。イヤイヤしか返ってきません。楽しくやっている仕事は、はじめは収入は少なくても、そのうち必ず楽しくてしょうがないような状況に囲まれるようになります。好きでやっているのだったら寝食を忘れてやっていられるのだから、膨大《ぼうだい》に投げかけることができる。そして将来、膨大に返ってきます。

57 ジッセンジャー

宇宙から素晴らしいメッセージをもらっているにもかかわらずそれを周りが信じてくれないのは、多分「ジッセンジャー」でないからなのです。例えば、睡眠不足のとき、仕事がうまく行かないとき、世の中が思うように展開してくれないとき、人間関係にイライラしているとき、トラブルが相次いでいるとき、忙しいときなどに、不機嫌でなげやりな態度を見せ、言葉がきつかったり、荒々しくなったりしてはいなかったでしょうか。実は人間の本当の価値はそういうときにこそ分かる。全てが順調で、睡眠も足り、人間関係もうまくいっている、というときにニコニコしているのは誰でもできます。誰でもがイライラしても怒鳴ってもおかしくないようなとき、それでもニコニコしていられるか、穏やかでいられるかが、その人の本当の価値を決めるような気がします。

58 ■ 心の九つのレベル

人間の心には、九つのレベルが存在します。

①一般的に多くの人がうれしい、楽しいと思う現象について、「喜ぶ」ことができる

②一般的に多くの人がうれしい、楽しいと思う現象について、「幸せ」を感じる

③一般的に多くの人がうれしい、楽しいと思う現象について、「感謝」ができる

ここまでは「初級」です。

④一般的に多くの人が当たり前と思うことについて「喜ぶ」ことができる

⑤一般的に多くの人が当たり前と思うことについて「幸せ」を感じる

⑥一般的に多くの人が当たり前と思うことについて「感謝」ができる
ここまでは「中級」です。
⑦一般的に多くの人が不幸と思うことについて「喜ぶ」ことができる
⑧一般的に多くの人が不幸と思うことについて「幸せ」を感じる
⑨一般的に多くの人が不幸と思うことについて「感謝」ができる
これが「上級」です。

このように、初級、中級、上級の三段階の中に、さらにそれぞれ三つの段階が存在します。そして、レベルが上がるときに、お試しの現象（事件）が起こるようになっているようです。

59 喜ばれるために生まれてきた

人間は、頑張《がんば》るために生まれてきたのではなくて、喜ばれるために生まれてきたらしい。人は、一人で生きているときは「ヒト」。人間は人の間に生きているから、「人間」なのです。

60　死は恐くない

死ぬことを心配し、恐がっている人にひとこと。

生きている時は、まだ死んでいないのだから、死を考える必要はない。

死んだら、もう死んでしまったのだから、死を考える必要はない。

死ぬことは、今私たちが住んでいる三次元の世界から単に引越しをするだけです。私たちの魂は、肉体という衣を着ているにすぎません。

61 プラス面を評価する

極端な場合を除き、どんな出来事・事件にも、プラスに見えるところとマイナスに見えるところとが同居しています。ものに表（光が当たっているところ）と裏（影になっているところ）があるように、常にプラス面とマイナス面があり、その表の部分（プラス面）を評価するようにすると、ものや人の見方が変わります。

人生にトラブルが多いのは、多分、人や出来事のマイナス面ばかり見ていて、批判的だからです。自分が物事を好意的に、プラス的に見始めると、それほど嫌なことに囲まれているわけではないことに気付きます。そうなると発散される〝気〟がとげとげしくないから、多くの人が笑顔で近付いてくるようになり、頼みごとも皆が笑顔でやってくれるようになり、人生が楽しくなります。「奇跡」がたくさん起こるのです。

62 できることは何？

ある人が怪我《けが》をしたときのこと。リハビリで何度か通ううち、ある先生から「できないことばかりを挙げないで、できることを考えて、挙げてください」といわれました。「はっとした」といいます。考えてみたら、できることのほうが圧倒的に多いのに、「できないことばかりをあげていた」というのです。

でも、例えば足を捻挫《ねんざ》したとしても、テレビは見られるし、食事も自分でできる。手紙も書けるし、電話でお喋《しゃべ》りもできる。よく考えてみると一万できていたことが九千九百になっただけで、「できること」のほうが圧倒的に多いのです。そういう事実に気付き、それを理解し、「できること」を強化し延長するようにしたら、今までと全く違う早さで体が治り始めたとのことでした。

63 若さのもとは〝笑い〟

老化物質が出るのを止めるツボというのもあります。

これは、エクボができる付近で、口元の端《はし》から指三本分のところです。ここを暇な時に押していると効果的ですが、もっと簡単にこのツボを刺激する方法があります。それは「笑うこと」。

反対に、眉間《みけん》にシワを寄せると老化物質が出るらしいのです。

64　首を縦に振るか、横に振るか

鎖骨《さこつ》と鎖骨の間に、指が一本くらい入るくぼみがあります。

ここは、強く押すと息が止まってしまう急所でもあり、免疫《めんえき》を司《つかさど》っている非常に重要なツボで、体の縦《たて》と横の神経が交差しています。

おもしろいことに、首を縦に振ると、このツボが刺激されて免疫力が強化されます。つまり、頷《うなず》くことによって免疫力がアップして元気になるのです。

そして反対に、首を横に振ると、免疫力が低下するようにツボが刺激される。否定をすると体が弱るというしくみになっているようです。

65 律儀で素直な人の体

うそでもいいから「二十歳にしか見えない」と鏡に向かって言ってみてください。すると体は反応してくれます。「もしかして、私は若いのではないか?」と細胞が思いはじめるのです。自分の想念というものは、実はとんでもなく強力に、自らの体をコントロールしており、私たちが何気なく言った一言によって、体はものすごく律儀に素直に反応しているらしいのです。

66 言葉の力

「私の体の一部になってくださってありがとう」と声をかけたとたんに、まずいと言われていたものが、ものすごくおいしくなります。私の体にとってのみ、おいしい味になります。そのように言って食べると、全部その人の身になってくれて、おいしいと思えるようになるのです。

67 光を発する言葉、光を吸い込む言葉

「うれしい、楽しい、幸せ、大好き、ありがとう、愛してる、ツイてる」という肯定的な言葉を口にしている人は、その人がそこにいるだけで光を発する。そしてその光は、暗い人を照らす。「私の人生はつらくて、悲しくて、嫌いなことばかりで……」ということばかり言っている人は、「暗い」。この人は、周りの光をどんどん吸着してしまい、はたから見ていると黒いもやや塊が来たように見えます。

68 否定的な言葉のダメージ

人間は、否定的な言葉（つらい、悲しい、つまらない、いやだ、きらいだ、疲れた、愚痴、悪口、文句、恨《うら》み言葉、憎《にく》しみ言葉）だけを毎日言ったり浴びたりしていると、心身ともにダメージを受け、エネルギーダウンしてしまうらしい、ということがわかりました。

健康な人でも、肯定的な言葉を一切言わないで、ただひたすら否定的な言葉だけを言っている、あるいは浴びていると、三か月ほどでウツ病になるようです。

69 自分を好きになる方法

「一銭にもならないことをどれだけできるか、するか」が、自分で自分を好きになるポイント。馬鹿《ばか》なこと、一銭にもならないこと、誰からも評価されないことを一生懸命《けんめい》やってみてください。そういう馬鹿なことをしている自分が、いつの間にかとてもかわいらしく、いとおしく、思えてきます。「自分で自分を好き」になってきます。「馬鹿な奴《やつ》だ」と思いながら、でも自分の心に温かいものを感じるはず。

70　一喜一憂しない人になる

「強靭《きょうじん》な精神力」を持つには「ボーっとすること」です。感じない自分をつくること。「神経をはりつめて何者をもはねかえすこと」ではないのです。ガードすることでもなく、自分の周りを自分の好みどおりにつくりかえることでもない。闘《たたか》って状況を変えることが〝強靭〟なのではない。

傷つきたくなくて、ガードしている人は、弱いのかもしれません。バカにされても、傷つかない人が、いちばん強い。メンツ、プライドを傷つけられても、笑っていられるのが強い人であり、そのためには損得勘《そんとくかん》定《じょう》で、一喜一憂《いっきいちゆう》しない自分になればよいのです。

71 ちょうどいい

お釈迦《しゃか》さまの言葉に、このようなものがあります。
すべてがあなたにちょうどいい。
今のあなたに今の夫がちょうどいい。
今のあなたに今の妻がちょうどいい。
今のあなたに今の子供がちょうどいい。
今のあなたに今の親がちょうどいい。
今のあなたに今の兄弟がちょうどいい。
今のあなたに今の友人がちょうどいい。
今のあなたに今の仕事がちょうどいい。
死ぬ日もあなたにちょうどいい。
すべてがあなたにちょうどいい。

72　これが宇宙の摂理

臭《くさ》いものには、ハエが寄ってくる。
芳香《ほうこう》を放つ可憐《かれん》な花には、ミツバチやモンシロチョウが寄ってくる。
もっと大輪の美しい花には、アゲハチョウが寄ってくる。

という構造になっています。要するに、ガ（我）があるとチョウが寄ってこないのです。自我でものを選《よ》り分けているうちは、良いものが寄ってこなくなる。

「どうしても好きになれない人がいて……」と言った瞬間に、人を好き嫌いで分けているレベルの人なのだから、「そのレベル」の人ばかりが集まってくるようになっているようです。それが宇宙の法則。

73 味方をつくる

人生という旅の中で出会った人すべてを味方にしていくことが人間の本質です。反対に、お世話になった人への感謝を忘れていると、もう支援をしてもらえないどころか、敵をつくってしまうことにもなりかねません。たとえ成功して自分の足で歩いていけるようになってからも、その恩を忘れておろそかにしてはならないのです。人生は味方をつくっていく作業であり、味方をどんどん増やしていくと、その後の人生もずっと豊かで楽しいものになっていきます。

74 何度も会う人

一度ならず、二度、三度と会う人とは、何か計り知れない「因縁《いんねん》」があるものです。そう思って、その一人一人と接していくと、大変面白く、また人生も奥深く、興味深いものになっていくことでしょう。

75 千人力を得る

自分の力で頑張って努力している人の力量は〝一〟。そして、百人の人に「ありがとう」と手を合わせていくと、なんと、その力量は〝百〟になるわけです。「ありがとう」と言われた人が敵にまわるわけはないから、百人に言えば百人の味方を得ることができます。さらに、もし五百人に「ありがとう」と手を合わせることができたら、五百の力を頂くことができます。もし千人の人に「ありがとう」と言うことができたら、千人の力を得ることができます。「せんにん」は「仙人」かもしれません。山を駆け上がったり、雲の上に登ったり、それはもうすごいことができるということになります。

76 自慢話は人を遠ざける

すごい実力を持っているのに、「自己顕示欲《けんじよく》」「復讐心《ふくしゅう》」「嫉妬《しっと》」を持っている人は、とてももったいないと思います。どれほどすごい人物かというのは、自分でしゃべらなくてもわかる。その人は寂《さび》しい人なのかもしれません。自慢《じまん》話ばかりだと、人が遠ざかってしまいます。

77 たくさん感謝できる人が恵まれた人

自分が豊かな才能に恵まれていない、人より優れたものを与えられていない、と思う人もおられるでしょう。しかし、そういう、できる人、恵まれた人は、すぐに「不平不満」を持つのです。だから、なかなか長続きしない。一方で、〝愚鈍《ぐどん》〟な人は「感謝」できるのです。だから、続けることができる。

どちらが「恵まれている」と言えるのか。

「恵まれていない」と思う人ほど、実は「恵まれている」のかもしれません。

78 苦労は人を強くする

小さいころから傷ついてきた人、周りの人からいろいろされてきた人ほど〝強い〟のです。大人になっても傷つきにくい。逆に、小さいころ「訓練」が少なかった人は、大人になって傷つきやすい。どちらの場合も、人生の中で「傷つく」総量は変わりません。「傷つきやすい」のが早いか遅いかの違いだけ。キリストが言った「貧《まず》しきものは幸いである」というのは、観念論や宗教論（そう考えれば救われる）ではなく、私の解釈では全くの現実（そうなっている）なのです。このキリストの言葉は、日本の「楽は苦のたね、苦は楽のたね」や「若いときの苦労は買ってでもしろ」という思想と合致しています。「自分は苦労が多い」「貧しい」「病弱だ」「ついてない」と思ってきた人は、むしろ「神から祝福されているのかもしれない」と思い直してみてはどうでしょう。

79 できないことはできない

自分に解決できないことを、まるで熊手《くまで》で集めるようにしてかき集める……、それが人生相談の九八パーセントの内実です。

こういう人がこういうことで悩んでいます、苦しくて見ていられません。それを救ってやるにはどうしたらいいでしょうか……。

これらへの私の答えは「放っておきなさい」です。

あなたは神さまですか。あなたにその人のことが解決できるのですか。もしできないのであれば、あなたが考えても仕方がありませんね。

自分の身の周りを考えてそんな力がないことが分かったら、自分にはできないと正直に言えばいいのです。できないことはできない。

80 悩み苦しみの解決法

「悩みの本質」は「迷い」です。では、その「迷い」というものは、どのように解決すればよいのか、という問題になります。

その「迷い」が、本当に選択できないほどのもの（自分にとって五〇%対五〇%）であるならば、「どちらを採ってもいい」ということになります。五〇対五〇だから、本当に深刻に悩むのですが、見方を変えれば、五〇対五〇であるならば、どちらも自分にとっては、同じ重さなのです。その場合はどちらを選択してもいい。悩みは消滅しました。

四九対五一ならば、多分悩み苦しむことは少ないでしょう。つまり、五一の方を採ればいいのです。四八対五二でも、その差がどんなに小さくても、大きい方（五二の方）を採りさえすれば、自分の望んでいる方へ、より近くなります。

81 「バカは風邪をひかない」の真実

毎日「うれしい」「楽しい」「面白い」「幸せ」と笑顔で言い続けていたら、それを言う人、聞く人どちらも、どんどん元気になります。風邪《かぜ》をひくことが少なくなり、ひいても熱が出にくい、早く治るようになります。「バカは風邪をひかない」という言葉を、上のようなことを知ったうえで解釈すると、全く違う〝真実〟に気が付くことでしょう。

毎日、「楽しい」「うれしい」と笑顔で、人を憎んだり恨んだりせずに言い続けている人は、「お前には苦労がないのか」と言われます。まさに「バカ」そのものです。けれども「バカは風邪ひかない」のです。それが事実であり、真実。

82 豊かさの始まり

豊かさの始まりは、いつも〈ひとりの豊かな人〉から。

83 もともとゼロしかない

小林正観の唱える「プラス思考」とは、マイナス現象（不幸や悲劇）が存在するのをプラスにとり直しなさいというのではなく、「もともと現象は全部ゼロである。そのゼロを否定的にとらえたがゆえにマイナス現象になっているだけで、もともとゼロなのだから、それをプラスにとり直してみたら面白いのではないか」ということです。プラス現象、マイナス現象はもともと存在していないように思います。

84 お釈迦様の四つの悟り

お釈迦さまは執着《しゅうじゃく》を捨てることを「四諦《したい》」と表現しました。四つの悟りです。

この世は苦悩に満ちている、と認識するのが「苦諦《くたい》」。

執着することが、悩み、苦しみの元だなと認識するのが「集諦《じったい》」。

執着をなくせば、その悩み、苦しみがなくなるのではないかと認識するのが「滅諦《めったい》」。

その滅することを日常生活のあらゆるときにやっていけばいいのだ、と認識するのが「道諦《どうたい》」です。つまり実践です。

お釈迦さまはそうやって実践し、実際に悩み苦しみから離れることができました。それを「解脱《げだつ》」というようです。

85 見方を変えると結果が変わる

「ものごとの見方」は一生涯かけて学ぶ価値のあるものだと思います。

ある宿の経営者が「夕食後の後片付けをしたいのに、お客さんがなかなか席を立ってくれない」との相談をくれました。私はこう言いました。

「宿の印象が悪いときは、お客さんは食堂から無言ですぐに出て行く。印象が良いときは食べ終わってもグズグズして、なかなか食卓から離れない」

その話を聞いてからは、その宿の方は夕食後の客がグズグズしているのを見て、たいへんに「幸せ」を感じるようになったとのこと。

現象は何も変わっていません。「見方」や「とらえ方」が変わっただけなのですが、その結果、「イライラ」し、「不快に思っていた」ことが、逆に、喜びになったり幸せになったりしたのです。

86　「やく年」の考え方

厄年《やくどし》が気になる人に提案です。厄年の「やく」を「訳」「役」「薬」「躍」「約」と置き換えてみる。そういう「やく年」にするのはどうでしょう。悩み苦しみを抱えている人はもちろんですが、ウツ病の人や酒乱の人、敵意に満ちた人、自分本位の人、わがままな人などには、根源に必ず「悲しみ」がある、そういう「悲しみ」を「訳」して周りの人に伝えてあげて、自らは温かい言葉や視線を「薬」として投げかけ、その人たちの「役」に立つ存在になる。その結果、自分も相手も「飛躍」し「活躍」でき、自らは謙虚に控え目（約）に生きる…（「約」には「控え目にする」との意味があります）。「訳年」「役年」「薬年」「躍年」「約年」と考え、「前やく」も「後やく」も同じように考えれば、前後三年間は「人の幸せを考え続ける三年間」が実現できるわけです。

87 第四の選択肢

嫌なことに出合ったとき、その解決には三つの方法があります。「戦うこと」「逃げること」そして「我慢《がまん》し続けること」です。実際問題として、「我慢し続ける」という道を選ぶ人が少なくないでしょう。

ところがここに、第四の選択肢があります。「嫌なこと」や「不愉快《ふゆかい》なこと」を「感じなくなる」という方法です。

「自分がかなりのものである」「ちゃんとしたものである」という考え方を、投げ捨ててしまうと「不愉快」や「頭に来た」とかいう感情が著《いちじる》しく少なくなることに気が付きます。「自分がたいしたものではない」「たいした存在ではない」と思うと、「自分が」「自分は」「自分だけは」「自分こそ」と考えていた多くのことがどうでも良くなってきます。「傷つく自分」も「不愉快に思う自分」も存在しない状態です。

88 誠実な生き方

すべてにおいて言えますが、〈誠実な生き方〉をただ、淡々と積み重ねていくのはどうでしょうか。そこで力む必要もないし、気合いを入れる必要もなくて、ただ、どうしたら喜んでもらえるかだけを考えて取り組んでいく。それが〈誠実な生き方〉になります。

89 お金が集まる使い方

お金の使い方というのは、「自分にとって安ければいいのではない」ということを頭に入れてほしいと思います。お金は喜ばれるように使ったら、いくらでもお金自身が喜んでやって来ます。

でも、喜ばれるように使うのではなく、自分がいかに喜びたいかだけを考えて、「いくらでもいいから一円でも安く、安く」と思って使っていると、お金自身は集まってきません。これも宇宙の原理・原則です。

ですから、お金をいかに喜ばれるように使うかということです。お金をいかに喜ばれるように使うかということは、お金の問題も含めて、いかに自分が喜ばれる存在になるかということにほかなりません。

90 お金に嫌われる使い方

お金自身が一番嫌がる使い方（使われ方）は、ギャンブルだそうです。ギャンブルを「楽しむ」というのはまだいいようですが、一攫千金《いっかくせんきん》を狙《ねら》って、「このお金で借金を全部返そう」というような使い方をすると、お金はすごく嫌がります。

二番目に嫌がられるのは、お金が入ってきたときに生活が変わること。贅沢華美《ぜいたくかび》ということを、お金は嫌がります。

三番目に嫌がられるのは、貯《た》め込まれること。「水とお金は、流さないと腐《くさ》る」といいます。だから、お金は貯め込んではいけません。貯め込んでいると腐ります。「私には、腐るほど貯めているお金はない。貯まったら使いましょう」と言う人がいますが、これは逆。先にお金を出して喜ばれるように使うと、お金が入ってくるらしいのです。

91 結果にこだわらない

努力するのはいい。汗を流すことも美徳です。でも、あなたは宇宙の片隅《かたすみ》のチリのひとつにしか過ぎない。たいしたものではないのです。

誤解のないように言いますが、「怠《なま》け者になりなさい」「怠けなさい」と言っているのではありません。結果にこだわるな、「自分でなければならない」「自分が頑張らなければならない」と決めるな、背負《せお》い込むな、ということを言いたいのです。

自分は種をまくことにしましょう。ただひたすら種をまくことに専念しませんか。

花開くのを見るのも、実を得るのも、自分で確認しなくてもいい、次の人に委ねよう、それでいい…、そう考えれば、目の前で結果がすぐに出てこなくてもいいでしょう。

92　言葉は「打出の小槌」

実は私たちの発する言葉は「打出《うちで》の小槌《こづち》」だったのです。おとぎ話の中に出てくる打出の小槌は、ほとんどの人は「そんなものあるわけない」と言うと思います。私もずっとそう思っていました。しかし、本当にあるということが、わかってしまいました。

「こうすると、こうなる」という宇宙方程式であり、自分の発する言葉によって、自分に降ってくる現象を作っていることがわかったら、打出の小槌を持っているようなものではないでしょうか。私たちは宇宙の「打出の小槌」を使いこなせる。「ありがとう」を一万回言ったとすると、また「ありがとう」を言いたくなる現象が一万個降ってきます。ただし、狙いを定めての要求には、宇宙は味方しません。

93 八者に感謝

最終的に私たちができることは、〈お任せをする〉ことだけ、ということになります。

お任せするとは、目に見えない四者（神、仏、聖霊《せいれい》、守護霊《しゅごれい》）と、目に見える四者（友人、知人、家族、自分の体）、この八者に対して、常に「ありがとう」を言いながら、感謝をして生きていくということです。

すると、「ありがとう」と言われた八者から共感共鳴を呼ぶのでしょうか、周りの人は、なぜか手伝って応援してくれるし、神、仏も〝やる気〟になってくださるようです。

94 神社は感謝に行くところ

実は、神社というのは、「お願いごと」をしに行くところではなく、「感謝」をしに行くところです。

95 追い求めない人生

今自分に何が足りないか、何が欲しいかを言っているときは、「ありがとう」が出てきません。今、自分がどれほど恵まれているか、に気付くことが「幸せ」の本質。ただ自分が生かされていることに感謝し、手を合わせて向こうに伝えることで、幸せな人生になるようです。

執着をしない、追い求めない人生になると、神が味方をしてくれるようになる、という構図（二重構造、あるいは裏返し構造と呼べるかもしれない）になっているようなのです。

96 捨てれば追い風が吹く

人生の折り返し地点（前半生《ぜんはんせい》）までは、努力し頑張ることが追い風になってくれます。

ところが、折り返し地点を過ぎると（後半生《こうはんせい》）、努力して求めれば求めるほど、同じ風が今度は向かい風になります。逆に、捨てていくことが追い風になってくれるのです。この〝捨てる〟というのは、物ではなくて「こころ」の話。自我、欲望、要望、欲求、執着、そういうものを捨てれば捨てるほど、後半生が楽に生きられます。

97 何も起きない奇跡

何も特別なことが起きない、ただ淡々と生きることができる、穏やかに日々が過ぎていくことが、一〇〇%パーフェクトの「感謝」であるらしい。病気をしない、事故にも遭《あ》わない、何も起きないで過ごせることは、実は奇跡の連続と言えるのです。

98 苦しさの中に喜びを見いだす

「私はこんなひどい状態で、ひどいことばかりで……」と指折り数えているうちは、ぜんぜん喜べるものは降ってこないでしょう。自分にとって不愉快な状態が永久に続きます。大変かもしれないけれど、その中であえて喜びを見いだす訓練をする。愚痴や泣き言を言わないで喜びを口に出せるようになると、事態が急転するという構造になっているようです。

99 問いかけることなかれ

聖書の中に「汝《なんじ》、なぜかなぜかと問いかけることなかれ」という言葉があります。

よく相談や質問をされる方は、「なぜ、なぜ」とおっしゃいますが、問いかけた瞬間に、問いや相談の形をとって、その現象を否定していきます。

「なぜこんな病気に？」。それは「病気が気に入らない」と言っています。「なぜ夫がゴルフばかり？」。「それはゴルフ好きの夫が気に入らない」と言っています。

自分の身の回りで起きていることについて問いかける必要はない。

それはそれでよし、と「受け入れる」。「タ行たんたん　ナ行ニコニコ　ハ行ひょうひょう　マ行　もくもく」で生きていくと楽なのです。

100　太陽のような人

「ありがとう」と万物に感謝し、それを続けていった先に「徳」があります。徳とは「存在」が感謝されること、他人から喜ばれることです。何かをしてあげたから感謝されるのではなく、ただそこにいるだけで感謝される……。そういう存在になれたら「徳」。そうなると人が集まってきます。その人がそばにいるだけで周りが安らぎ、温かく幸せになること……。そういう状態が「至福」でしょう。「太陽のような人」といってもかまいません。

人として生まれたからにはこの至福の状態―最後の一パーセントの境地―を味わってから逝《ゆ》きたいものです。

第三章

神様に好かれる人になる法則

この章はある日の講演の内容を文字にしました。ところどころに言葉遊びやジョークがありますが、特に削ることはしておりません。言葉遊びも含めてお楽しみください。

私は超能力者ではありません

まずは簡単に自己紹介をしておきます。

私は大学時代に精神科学研究会という変な研究会に所属していました。超常現象だとか超能力だとか、そういうのを研究していたのです。不可思議現象というのがとてもとても好きで、一年生から五年生まで（一年留年しました）五年間、代表者をしていました。

その当時、東京のお茶の水界隈《かいわい》で月に一回開かれる、関英男さんという大学教授が主催していた超能力の研究会がありました。あるとき、その会から私の大学の精神科学研究会宛てに招待状が届きました。そこで研究会の代表者である私が出かけていったんです。

その会には毎月、面白い人が次から次へと呼ばれてきました。ＧＬＡ

(God Light Association) という会をつくった高橋信次という人が来たり、真光教の教祖である岡田光玉という人が来たり、長崎の記念像をつくった北村西望という人も出てきました。とにかく五年で五十人、すごく面白い人がたくさんいました。

岡田光玉という人は、ある日突然に「なんじ光玉と名乗れ」というので、光玉と名乗るようになったというんですが、これはゴータマ・シッダールタのことであるとか、そんな話をいろいろしていました。あとになって真光教の人にたまたまどこかで会ったときに、「岡田光玉という人と直接会って話を聞いたことがある」と言うと、向こうの態度が一変しました。別に会っただけなんですが、ただ、生前の岡田光玉氏と会ったと言うと相手の瞳孔《どうこう》が開くのがわかる。瞳孔が開いたからといって、どうこうということはないのですが。(笑)

この会が月に一回ずつ、年間で十回ぐらいありました。五年間で五十回ぐらい。その五十回に皆勤賞《かいきん》で出たのは私一人です。当時は大卒の初任給が一万五千円から一万八千円ぐらいでした。そのころ、その関先生の会の参加費は一万円です。今でいうと十万円ぐらいの金額になります。毎回三十人ぐらい集まりました。

その会を主催していた関英男さんは数年前に亡くなりましたが、この関英男先生には、私はとても感謝をしています。というのは、関先生は、今なら十万円の参加費が必要な会を「学生は無料」という形で開放してくれていたのです。つまり私は、五年間全部タダでそういう面白い人たちの話を聞くことができたわけです。大変ラッキーだったんですね。

その五十人の中で一番面白かった人の話を今ここですることができますけど、聞きたいですか？　やっぱり。そうですか。私もどうしてもしゃべりたいんですけど。（笑）

片岡孝夫という歌舞伎《かぶき》役者がいました。数年前に片岡仁左衛門《にざえもん》を継ぎましたね。その先代《せんだい》片岡仁左衛門。片岡孝夫のお父さんの仁左衛門さんは人間国宝に指定された人ですが、この仁左衛門さんが、当時六十代だったと思うのですが、その会に出てきたんです。この方の話が私には五十人の中では一番面白くて興味深かった。

仁左衛門さんは、歌舞伎で毎月毎月舞台をやるわけですけれど、あるときに風邪をひいて熱が四十度ぐらい出た。頭が痛くて鼻が詰まっていて、体がだるくて重たくて、もうまともに台詞《せりふ》が出ないような状態だった。そういうとき、歌舞伎の場合は黒子《くろこ》というのがつけられるそうです。黒子は上から下まで黒装束《しょうぞく》で、顔にも黒い布を垂らしている。その人が役者の後ろにくっついて、相手との掛け合いの中で、ここでこういう台詞を、というのを小声で言ってくれる。観客からはほとんどわからない程度の小さな声でです。

仁左衛門さんは、体調が悪くてとても舞台が務められない状態だったのですが、黒子が後ろで台詞を言ってくれたために、そつなくこなすことができました。楽屋《がくや》に帰ってきた仁左衛門さんは付き人に聞いたそうです。

「今日の黒子は台詞を言うのが早過ぎず遅過ぎずで、絶妙のタイミングだった。今までの黒子にないほどいいタイミングで言ってくれた。今日ついてくれたのは誰だ」

そう聞かれた付き人は言いました。

「仁左衛門先生、今日は黒子はついてませんよ」

どうやって探しても、黒子はいなかったんですって。そんな馬鹿な、といろいろな人に聞いて回ったけれど、確かに黒子は誰もついていなかった。体調が悪くてどうしようもないというときに、本当に遅過ぎず早過ぎずの絶妙のタイミングで台詞を教えてくれた人が、実はいなかったという話です。この話が一番面白かった。

私はそういう不思議な出来事の研究家なんです。知らないで来た人は、もっと屈強《くっきょう》な堂々たる体格の人で、会場の隅々《すみずみ》まで声が行き渡るようなすごい人だと思っていたかもしれません。二十一世紀に講演をする人は、売れなかったころのさだまさしのような（笑）、ちょっとつつくとすぐコロッと倒れてしまいそうな（笑）、そういう虚弱《きょじゃく》体質の感じで生きています。

とりあえず私はすごい人なのではなくて、研究家です。そういう意味でのたくさんの事例を研究してきた研究家なので、普通に「超能力者」を名乗っている人たちとは全然違います。超能力者ではなくて、研究家なのです。

唯物論者です

自己紹介を続けます。三十数年前、二十歳のころに、学生運動に参加していました。当時は「全共闘《ぜんきょうとう》」の世代です。その十年前は「全学連」と言いました。

機動隊という人たちがいました。機動隊は武器を与えられてないんですよね。ジュラルミンの盾《たて》だけ。ジュラルミンの盾というのは、火炎瓶《かえんびん》だとか石が飛んできたときに身を防ぐために持っているものですけど、機動隊は盾を横にして人を殴《なぐ》るんです。（笑）これを「タテをヨコにする」と言います。

皆さんの期待に反して、残念ながら小林正観には逮捕歴はありません。下のほうでちゃらちゃらしていただけなので。ただその当時の私は、目に見えるもの、手応えのあるもの、誰でもが確認できることしか信じないという意味で、ガチガチの唯物論者《ゆいぶつろん》でした。その状態が今もずっと続いていて、私はガチガチの唯物論なんです。研究家であると同時に、唯物論的な立場で研究をしてきました。

なので、超常現象についての議論のときは、私は大槻《おおつき》教授に近いと思います。「証明をしてみなさい！」とか、「証拠を出しなさい！」とか、そうやって迫るタイプの人間です。

ガチガチの唯物論者なので、宗教、教派、教団、一切属してません。教えを受けたこともありません。六十万円の布団《ふとん》も、二十万円の印鑑も、二百万円の壺も売ったりしません。(笑) そういうのは大嫌いなんです。座禅、瞑想《めいそう》に行ったこともありません。

そういうガチガチの唯物論の立場で、宇宙の現象だとか仕組みをたくさん研究してきたんです。

今日は私がこれまで研究してきた宇宙の仕組み、構造について、大きな幹の部分を三つ、簡単に申し述べておきます。

宇宙の仕組み《その一》神や仏は存在します

一つ目。神、仏、守護霊《しゅごれい》、精霊《せいれい》というものは存在する。唯物論で事実をずーっと突き詰めていくと、神が存在すると言うしかないんです。かといって皆さんは神という形のものにひれ伏す必要はないし、信奉、信仰する必要はないのですが、神様を使いこなす方程式を覚えておくと、人生がものすごく楽になって楽しいということを一応言っておきます。で、小林正観は神様を使いこなす宇宙論的法則をどうも知ってしまったみたいなので、毎日がすごく楽しくて面白い。ちなみに、西暦二〇〇四年は一度も傘《かさ》を使いませんでした。

その**神様の使いこなし方というのを、ここで一応お話ししておきます。**

これから聞く神様の使いこなし方を知ってしまうと、八百四十億円ぐらいの価値があります。四十億円は消費税です。（笑）

皆さんの中には、仏教を信奉している人もいるでしょうし、クリスチャンの人もいるでしょう。とりあえず、神がどういう方であるとか、誰であるとかということは置いておきましょう。どの宗教でも全然かまわない。宗教がどうであっても関係なく、神が教えてくれる方程式というのがあります。

それは「神様はきれいな人が好きなんだ」ということ。これを覚えてください。神様は、きれいな人が好き。

●神様の好きな〝きれいな人〟の三つの条件

この〝きれいな人〟には三つの条件があって、ｏｒである。一ｏｒ二

ｏｒ三である。つまり、一と二と三の三つの条件を全部持っていなくてもいい。一に引っかかるか、二に引っかかるか、三に引っかかるか、どれかに引っかかればいい。

その一番目の条件は「見目形《みめかたち》、姿形がきれいな人」。これを今までの会場で言ってもシーンとなりました。（笑）「あっ、私、関係ないわ。二番、二番」と、二番にすぐ意識がいってしまうようです。

そこで二番目の条件は「心のきれいな人」。これも、どこの会場もみんなシーンとしてしまって、咳払《せきばら》い一つ出ません。（笑）

一番目と二番目で勝負できない人は、三番目に賭《か》けるしかない。で、三番目でだめな人は一生涯神様の味方が得られないということです。ドキドキしてきましたか。

今ここで三つ目を言おうかなと思っているときに、私が心臓マヒかなんかでグーッとなったとすると、前のほうの人が五、六人、ダダダッと飛んできて、私の襟首《えりくび》摑《つか》んでバシバシバシバシバシバシと頰《ほお》を叩《たた》いて、「早く言ってから死ね！」と言うでしょうね。救急車を誰も呼んでくれない。バシバシバシバシバシ、「早く言ってから死ね！」。もう私の命のことなんか誰も心配してくれなくて、ただ三つ目の条件だけちゃんと言ってから死になさいと、そういうような顔の人ばっかりです。(笑)

怖《こわ》いので、早く言っておきます。

三つ目の条件は「身の回りをきれいにしている人」。特に人が嫌がるような汚れ、トイレ、流し、洗面所をいつもきれいにしている人を神様はすごく好むみたいです。

●立ち姿の美しい人を神様は好む

一つ目の、見目形、姿形がきれいな人というのは、顔の整い方だけではなくて、立ち姿、座り姿、歩き姿の美しさというのも、神様の評価の対象になるようです。

よく駅だとか橋のたもとでお坊さん（雲水《うんすい》）が佇《たたず》んでいますよね。あの人たちは喜捨《きしゃ》というものを求めるために、ずっと立っています。

たとえば私たちがそこにお金を五百円を入れると、向こうは「ありがとうございました」とは言いません。物乞《ものご》いに来ているのではないのです。代わりに、モニョモニョモニョモニョモニョとお経の一節を唱《とな》えます。そして言われたほう、つまり喜捨をした私たちのほうが、そのモニョモニョ唱えられたお経に対して手を合わせて、「ありがとうございました」と言って帰っていくのが正しい作法なんです。

向こうが「ありがとう」と言わないのはおかしい、と考えるのは間違いです。本来は、私たちは自分の生活に関係のないお金があったら、それを神仏に仕えるように使ってくださいと差し出すべきなのです。そのために山奥まで踏み込んで行かなければならないところを、わざわざ向こうが受け取りに来てくださっているという意味で、こちらが手を合わせるんです。「わざわざお越しいただいて、ありがとうございました」という意味なんです。

その雲水さんは、立ち姿の美しさで勝負しろって師匠《ししよう》から言われています。

よく渋谷とか新宿で、喜捨を求めている青い目の青年を見かけますね。その人たちは編笠を上に四十五度上げて被《かぶ》って、顔を丸ごと見せて托鉢《たくはつ》をしています。あれは偽物。顔を見せてはいけない。雲水は必ず鼻まで編笠をして、顔を絶対見せてはいけないという教えがある。顔の美しさで勝負してはいけない、立ち姿の美しさで勝負をしなさいというのが、本来の托鉢の目的です。だから顔を見せている人というのは、本当の仏教関係者ではないんだなとわかるわけです。

●トイレ掃除をするなら素手が一番

神様はきれいな人が好きということの二つ目は心で、三つ目は身の回りをきれいにしていることだと言いました。トイレ、流し、洗面所というう、人が嫌がるようなところを好んできれいにしている人というのは、どうも神様が好んで、その人を応援したくなるみたいです。なので、トイレ掃除や水回りをいつもきれいにすることをお勧《すす》めします。

そしてトイレ掃除をするときは素手《すで》でやるのがいいんです。道具を使わないと、ゼロが一つ増えます。ゴム手袋を使わないと、ゼロが二つ増えます。そして一番奥のところまでズボッと手首の深いところまで突っ込んで掃除するというと、ゼロが三つ増えます。落ちないものを爪《つめ》で落とすと、ゼロが四つ増えます。

「爪で落とすんですか。そこまではちょっとできません」という人がいるんですけど、それを「ツメが甘い」と言います。(笑)

二万円の予定がゼロが一個増えると、二十万です。ゼロが二つ増えると二百万です。ゼロが三つになると二千万という金額になります。次のゼロの一個は大きいですよ。二億という金額になりますから。この四つ目のゼロをつけないというのは、ものすごくもったいないと思います。

掃除するときは、通常トイレットペーパーと水で汚れを落としますが、高速道路のトイレとか山岳高原の駐車場のトイレなんていうのは、水を流したりしてもなかなか全部は落ちない、けっこう大変なところもあります。そういう場合は、しょうがないので爪でやる。爪で汚れを落としてスッキリきれいになると、とても気持ちがいい。これはなかなかいいので、是非《ぜひ》やることをお勧めします。

宇宙の仕組み《その二》生まれ変わりは存在します

宇宙の仕組み、法則の中の大きなものの二つ目。輪廻転生《りんねてんしょう》、生まれ変わりというものが存在する。

私の右脳の四十五度のところ、四十センチ上に、二十二センチの〝もや〟のかたまりという方がおられるんです。皆さんの右脳の四十五度、四十センチ上にも、二十二センチの〝もや〟のかたまりがついています。これは守護霊さんというもので、誰にもついているんですけれど、稀《まれ》に一会場に二人か三人、ついていない人がいます。どうしてついていないか。会場に入る直前、最後に口にした言葉が不平不満、愚痴《ぐち》、泣き言、悪口、文句であると、その〝もや〟のかたまりがポンといなくなってしまうんです。

いなくなってどこにいるかというと、その人の家のその人の部屋にいて、壁に向かって膝《ひざ》を抱えながらしょんぼりしている。もともと、もやのかたまりなんですけどね。そういう愚痴や泣き言を言われると「もう嫌だ、もういやだ、もうやだ、もやだ……」というわけで。(笑)

実は、この二番目の問題もかなり大きくて、不平不満、愚痴、泣き言、悪口、文句を平気で言っている人というのは、人生が恵まれません。なぜかと言うと、自分の目の前に起きていることは全部、その人が自分の意思で、生まれる前にシナリオを書いたものだからなんです。そのシナリオのとおりに守護霊さんと神様が全部コンピュータに組み込んでやってくれている。

「私」が書いたシナリオを実現しようと一生懸命《けんめい》走り回ってやってくれている守護霊さんという方に、「どうして自分の人生はこんなにひどくて、つまんなくて……」と言ってしまうと、守護霊さんは「ああ、こんなに働いてあげているのに……、あなたが書いたシナリオのとおりにやっているのに……」と思うんです。

シナリオというのを逆さにして反対から読むと、オリナシ。織りなしているんです、全部。面白いです。「シナリオ」というのは、実は全部「織りなし」ているものなんですね。自分で書いたものです。それをあじゃこうじゃ言っていると、「ああ、じゃあもうあんた、勝手にすれば」といって守護霊さんは力を貸してくれなくなってしまう。

不平不満、愚痴、泣き言、悪口、文句は、皆さんが考えている以上に非常に重要な問題なので、これらは今この瞬間からなくすことを一応お勧めしておきます。私は一応情報だけはお伝えしますが、皆さんがどういうふうに生きるかは自分の勝手。別に玄関から入ろうがトイレから入ろうが、台所から入ろうが、どこから入ろうが、全部勝手。（笑）

●守護霊さんが教えてくれた私の前世

その守護霊、精霊というものが、あるとき、私の前世《ぜんせ》を教えてくれました。全然知らない人でした。有名人じゃない。

私はプロの物書きなので、五つの人名辞典を持っています。一冊目が一センチ、二冊目が二センチ、以下三センチ、四センチ、五センチ。辞書を厚みで言う人はなかなかいないですけどね。その一冊目と二冊目、三冊目の人名辞典を調べても、教わった人の名前は載《の》っていなかった。それでもまあ五冊まで全部見ようと思って四冊目を調べたら、あらま、載っていたではありませんか。その人の名前が、三行だけ。

このときは背中に氷を入れられたかのようにショックでした。というのは、自分の前世の人がこの人だっていうのを確認できたということが一つ。人間に前世や生まれ変わり、輪廻転生が存在することが確認できてしまったことが二つ目。そして、それを教えてくれる、私の知らない情報を持っている右脳四十五度、四十センチのところに〝もや〟の方がおられるということが三つ目。この三つのことがいっぺんに全部わかった。確認できた。これはものすごくショックでした。

そして、この三行に書いてあったことは何か。私の前世だったその人は、神道だとか仏教だとか陽明《ようめい》学、朱子《しゅし》学、いろんな哲学の中から、人間の生き方のエキスを引っ張りだしてきて、それを人々に説いて聞かせた人だったそうです。

五冊目の人名辞典を開きましたら、今度は十五行ほど載ってました。今言ったような活動をしていた人なんですが、全国に八十か所の講演場所があって、そこを回って講演をしながら死んでいったんだそうです。私は今、年に三百回ほど講演をしていますが、場所を挙げていくと、八十か所なんです。ぴったり。

さらにさらに、その人の名前と「こばやしせいかん」との文字がほとんど同じです。同じ文字を組みかえたように見える。

そこまで確認できてしまうと、ああ、本当にどうもこの人の生まれ変わりみたいだなということが自分の中で確認ができる。唯物論として、自分で自分の前世の人を確認して、全く同じことをやらされているとわかったので、私はそのとき以来、ものすごく肩の力が抜けてしまって、以来、なで肩なんです。(笑)

というわけで肩の力が抜けてしまって、ああ、もう自分で前世で書いていたシナリオをほとんど同じようにやってるだけなんだということがわかってしまいました。

実は皆さん、この会場にいる人も駅のほうを歩いてる人もみんなそうですけど、前世とほとんど同じことをやって生きていって、死にます。何も考える必要がない。ただそれをやらされる羽目《はめ》になっている。たぶん、大半の人はシナリオを書き直すのが面倒くさいんだと思うんですよ。

ほとんどコピーを使うみたい。

「次回もまたこのシナリオでいくかなあ」というので、あとは手直しをちょっちょっとするぐらいですよね。江戸から東京まで十一日かかるというのを、新幹線で二時間とかっていうように、そこのところをちょっと手直しするだけです。文化、状況というのが少しずつ変わっていくので、それに合わせて。

●くよくよしていると面倒くさい人生になる

一番面倒くさい人生を歩む人のシナリオというのを向こうから教わっているので、一応皆さんに教えておきます。それはこういうことです。

Aさんが私に向かってこう言いました。

「私はそこでくよくよする」

それに対して私はこういうふうに言い返しました。

「そこでくよくよする」

相手がまたそれに対して、こう言いました。

「そこでくよくよする」

わかりますか？

一番つまらないというか、面倒くさい、ゴツゴツした岩に乗り上げながら生きていく人生の人というのは、全部一行ごとに「そこでくよくよする」というのを入れ込んでいるんです。これが一番大変な、面倒くさい人生の人。

百歳を超えて長寿の人というのが必ずインタビューで聞かれるのは、「長寿の秘訣《ひけつ》は何ですか」という質問です。そして、その答えに必ず入っているのが「くよくよしないこと」です。**実は、人生をメチャメチャ面倒くさいものにしているのが、くよくよすること。長命で気楽に長生きするために絶対的に必要なのは、「くよくよしないこと」なんですね。**

キンさんギンさんは百二歳のとき、あるコマーシャルに出ました。東京方面で放映されていましたから、見た人もいると思います。二人で出演料一千万円もらったそうです。そのうち七百万を阪神大震災の復興に寄付して、三百万を預貯金にしました。新聞記者が聞きました。「三百万を預貯金で残した理由は何ですか?」

子供も孫もたくさんいるから、自分たちの生活は何も心配がないはずなのになぜ三百万を残したのか。その答えは「老後のため」。百二歳ですよ。いつから年をとるんですか!

泉重千代《いずみしげちよ》さんは世界で最長寿、ギネスブックに何年か載っていた人で、それが日本人だからということで誕生日にインタビュアーが押しかけました。そして「長寿の秘訣は?」と尋ねると、やはり「くよくよしないこと」と答えました。これは必ず入ってきます。長寿の秘密はくよくよしないこと、あとは黒糖を舐《な》めながら焼酎《しょうちゅう》を飲んでいるという、これが健康法だと言った。

そこで話が終われればよかったんですけれど、新聞記者がいじわるな質問をしました。「泉重千代さんは百十八歳でも、まだ女性に関心があるものですか？」と聞いた。重千代さん答えて曰《いわ》く、「そりゃあるわな」。「どんな女性が好みなんですか？」とさらに聞いた。すると「そうじゃなあ、わしは年上が好みじゃ」と答えた。でも、世界一の長寿なんだから、自分以上の年寄りはいないんです。（笑）

この人たちに共通しているのは、自分が年老いたとは全然思っていないということ。皆さん、長寿に生きていきたいと思ったら、自分の年を忘れることですよ。

「昔昔あるところに、おじいさんとおばあさんがいました」というのが日本の昔話の一番最初の導入部分ですが、あと三十年ほど経つと違う言葉になるので一応お教えしておきます。

「昔昔いたるところに、おじいさんとおばあさんがいました」

そういうふうに変わります。（笑）

今、笑っている人は、自分は当事者じゃないと思っているでしょうけど、あと三十年四十年経《た》つと当事者になりますから。

宇宙の仕組み《その三》人生のシナリオは自分で書いています

宇宙の仕組みの三つ目。輪廻転生の話の中でも出てきましたが、**人生のシナリオは全部自分の手によって書かれていて、私たちは生まれる前に自分のシナリオで自分の人生を全部決めています。**

これも唯物論的にわかってきました。ただ、ちょっと唯物論というのをここのところでは言いにくいところがあるんですけど……。というのも、皆さんの顔をこうやって見ていますと、その人がいつごろ死ぬかが私にはわかります。知りたいと思った人は、大体知ることができます。ただ、この話をすると講演が終わってから必ず、「自分の死ぬときを教えてくれ」と言いに来る人がいるので、教えません。どんな人にも教えません。

なぜかと言うと、皆さんがもし占《うらな》い師や霊能師みたいな人にかかわって「自分の死期を教えてくれ」と聞いたとき、それに答えてしまった人がいるとすると、その答えた人は自分の信用のために、その人がそのときに死んでくれなきゃ困ると思うようになるからです。でも、向こう側から正しい情報をいただくためには、自分が「人の死を願う立場」になってては絶対にいけないんです。

ある占い師が人の顔を見て「結婚すると三年後に死ぬぞ」とか「このままだと芽が出ないぞ」と言うとすると、それを言った瞬間に、自分の信用のために、この人がそうなってもらわなきゃ困ると祈りはじめている。それに本人が気づいてないということが、重要です。私は大学時代にそういう勉強を基礎的にやってきたので、そういう予言をした瞬間に、ああ、この人は悪魔の手に落ちているということがわかります。占い師を装《よそお》ってはいるけれども、人の死や不幸を願いはじめている人だ、と。そういう人は聖なる側にはいないので、その占いは当たりません。

●悪しき予言をする人は信じなくていい

私は予言や予知を一切しませんけど、一応今日は特別サービスで、普段しない予言をちょっと言っておこうかなと思います。それでは言いますよ。

次にお目にかかるときには、皆さん全部が若くてきれいな人になっています。（笑）

今、私は、皆さんが若返ってより若々しく美しくきれいな人になるというふうに言ってしまいました。だから、今言った瞬間から、そうなるように祈りはじめるわけです。そういう予言は信じていいんです。だって、自分の幸せを祈ってくれているのですからね。

悪しき予言をした人は、仮に個人で言われても集団で言われても、その言った相手を信じる必要はない。何年後に死ぬぞとか、何年後に病気をするぞとか、こっちのほうに旅すると事故で死ぬぞとかというふうに言われたときは、その人の予言は一〇〇パーセント当たらないのだから、信じなくていい。

私はこういう講演活動を頼まれるようになって十年ぐらい経ちますけれど、この間、新興宗教の教祖二十二人から二十二個の予言を受けました。たまたま私の講演を聞いてくれた人の中に信者がいて、その信者が「小林正観という変な人がいます」ってご注進に行くわけですね。そうすると、私の名前とか生年月日とかをゴニョゴニョゴニョゴニョとやって、「何年の何月何日に交通事故で死ぬと伝えろ」というようなことを言う。その信者は「……というふうに言ってますので、十分気をつけてください」と教えに来てくれるのです。死ぬんだったら、気をつけてもしょうがないんだけど。

それで十年の間に、二十二の予言をいただいた。その新興宗教の教祖たちはどうしてそういうことを言うかというと、私が「どうしたら助かるでしょうか」って泣きつくのを待っているわけ。しかし、この新興宗教の教祖さんたちは相手が悪かったとしか言いようがない。私は自分で未来を見ることができるので、予言された日に何も起こらないとわかる。だから、そのお使いの人に言うんです。

「その教祖に伝えてください。何もなく平穏《へいおん》無事に私はその後も生きてますから。もうちょっと能力を磨くように」(笑)

二十二の予言を受けて、全部外れました。一つも当たっていません。

だから皆さんは悪しき予言を受けたときは、全く信じなくていい。その悪しき予言をした人は聖なる側にはいない。悪魔の側に落ちたのだから、それを信じる必要は全くないということです。相手の幸せを祈るような予言をした人だったら、信じていいということです。

●楽しい予言をしてくれる人は大事な人

もう一個予言をしておこうかな。

この会場に来た人は今年中に予期せぬ臨時収入が必ずありますからね。

（大拍手）

私は別にこれ、根拠があって言ってるんじゃないんです。ただそういうふうに今言った瞬間に、私は自分の信用のために、この会場に来た人一人ひとりに必ず予期せぬ臨時収入があるようにって祈りはじめているわけです。

小林正観の場合は、実はあるキーワードを通して向こう側とつながっているらしいので、私が思ったことは今この瞬間から動きはじめましたから必ずそうなります。一応私の希望を言っておきますと、その臨時収入の半分をください。(笑)

私がそういう予言をしたら、その年に生まれてはじめて買った十枚の宝くじのうちの一枚で二億円当たった人がいました。「全部一〇〇パーセント、正観さんのお蔭」って言うから、「本当にそう思うんですか」と聞いたら「本当にそう思いますよ」と言うので、「じゃあ半分ちょうだい」って言ったら、「ダメ」と断られました。(笑)

二億円当たった人を、私たちは目の前で見ることはほとんどないと思いますけれど、この人はたまたま私たちの仲間で、何回も何回も話を聞きに来てくれる人でした。たとえば、新しい財布《さいふ》を買ったら、財布に最初に入れた金額が財布の認識する金額になるという話をしました。だから新しい財布を買ったときは、一万円とか五千円とかではなくて、二十万とか三十万とかを入れる。とりあえず十秒でも二十秒でもいいから、最初にそれだけ入れておくと、その財布は常時二十万が入っているような財布になります。財布自らがお金を呼んでくれるんです。

そういう話を聞いているその人は、「ありがとう」を言いながらトイレ掃除をし、財布に生まれてはじめて買った十枚の宝くじを入れておいた。そして、毎日日常的にトイレ掃除と「ありがとう」を実践していたら、突然友人から電話があった。友人が「朝刊を見ろ！」って電話口の向こうで怒鳴っている。しかし、朝刊を見たけど何のことやらわからないというのでコールバックをした。すると「宝くじを持って銀行に行け！」と言われたので、しょうがなく銀行に行ったんです。そうしたら銀行で「宝くじをそこの機械に入れてください」と言われて、言われるままに入れると、「お客さま、当たってますね」。

「どのくらい当たったの？　生まれて初めて買ったんだけど」

「このくらい当たってます（二本指を立てて）」

「二十万？」

「いいえ。桁《けた》が違います」

「二百万？」

顔がにっこりしたそうです。

「いいえ、もう少し上の桁なんですけど」

二千万と思ったら、足がガタガタ震《ふる》えたそうです。

「二千万ですか！」

と聞いたら、

「いいえ、もう一つ桁が上で」

二億円かと思ったとき、足の震えは止まったそうですけど、気を失ったそうです。（笑）

そういう人が実際にいました。皆さんに臨時収入が今年中にありますよということを、私は何の根拠もなく伝えておきます。根拠があるわけではないけれど、こういうふうに言った以上は、自分の信用のために、皆さん一人ひとりに臨時収入があることを心の底から祈りはじめる。

そういう自分にとって好ましくて楽しい予言、予知をしてくれた人、そういう友人は大事にしたほうがいいということです。

●いくら強く願っても望みは叶わない

宇宙は二重構造みたいになっています。これも宇宙の仕組みのかなり大きな部分なんですけれども、それはこういうことです。

「病気をしたくない、病気をしたくない」と思っている人ほど、病気にかかる。「事故に遭《あ》いたくない、事故に遭いたくない」と思っている人ほど、事故に遭う。「お金が欲しい、お金が欲しい」と思っている人ほど、入ってこない。「結婚したい、結婚したい」と思っている人ほど、結婚が遠ざかる……という構造になっている。

これを二千五百年前、釈迦という人は「執着《しゅうじゃく》」という一言でひもといています。執着があると、全然叶《かな》わないんです。

よくいろいろなセミナーで、強く願えば必ず叶うんだと教えているところがありますが、強く願って叶うようにできているのであれば、がんで死ぬ人はいません。倒産する会社もない。

あと二か月後に手形が不渡りになって倒産するかもしれないという人は、自分の家族のこれからとか、従業員の生活の問題とか、取引先にかける迷惑などを考える。だから、「絶対に倒産したくない」という思いは普通の人が何かを祈るよりも遥《はる》かに強いはずです。それなのに倒産する会社が相次ぐというのは、要するに、希望して念じたことがそのように起きるわけではありませんよ、ということです。これも小林正観が掌《しょう》握《あく》した宇宙の仕組みの一つです。

では、**望みが叶うのはどういう仕組みになっているのかというと、それは「執着しない」ということ。執着しないと望みが叶うことがある、という仕組みなんです。**

たとえば、「結婚？　いいや別に結婚なんてどうでも。自分で自分を磨いていけば、もしかするとどこかからいい人が現れるかもしれないし……」というような考え方をしていると、とっても素敵な人が現れる。

そういうふうに執着というものがキーワードになっている。お釈迦さまはそれを二千五百年前に言ってくれていたみたいです。執着していると超能力が出ない。

ある保険会社が車千台当たりの事故率というのを調べたんです。一個もお守りをつけていないお守りゼロ個の車、それから一、二、三、四、五、六、七、八、九、十個のお守りをしている車、この十一のジャンルにプラスお守りが十一個以上あるという十二個目のジャンルを設けて、それぞれの千台当たりの事故率を調べていったんです。そうしたら、一番事故率が少ないのはお守りゼロ個の車だった。

それどころか、なんと、お守りの数が増える順に事故率が上がっていったんです。一、二、三、四、五、六、七、八、九、十。一番事故率の高い車が十一個以上お守りをくっつけている車だった。これは執着という哲学的な概念で考えると、よくわかる話です。

もう一つ、三次元的な世俗的なことで理解するならば、どうして十一個以上だと事故率が一番高いのか。答えを言います。それは前が見えないからです。（爆笑）

●男と女は違う生き物

ちょっと話が逸《そ》れますけど、結婚の話題が出たところで、一つ教えておきます。宇宙の法則の一つに、頼まれ事は断っちゃいけないというものがあるんです。たまたま二十一歳のとき、私は父親から「家業を継がないんだったら出ていけ」と怒鳴られました。そのときに、頼まれ事を断っちゃいけないよねというので、家を出ました。そこから私の頼まれ事の人生が始まりました。

毎年三百回くらいの講演を頼まれていますが、私自身が講演をしたいと言ってするのは一回もありません。全部頼まれ事。頼まれたことだけでよしというのが私の人生です。頼まれないことはしませんが、とりあえず原則的に頼まれ事は断らない。

好意や善意による申し出というのを全部一〇〇パーセント受け入れられるのが、菩薩《ぼさつ》の心なんだそうです。皆さん、「荷物を持ってあげましょう」とか、「席を譲ってあげます」とか言われたときに、遠慮をして「いりません」と言うのは、驕《おご》り、たかぶり、うぬぼれ、傲慢《ごうまん》の一つなのだということを覚えておいてください。

頼まれ事をしてあげたら「お礼です」とお金を提示されたので、「いえ、私はボランティアとしてやったのであって、そんなものを受け取るつもりはありません」と断るのも、驕り、たかぶり、うぬぼれ、傲慢なんです。そのときは「わかりました。預からせていただきます」と言って受け取るのを謙虚と呼びます。

皆さんが一般的に考えるのとは反対ですが、「そんなものは受け取れません」と言ったときの心は、「このお金は私のものだ」と思っているわけです。お金は自分のものではありません。宇宙から回ってきているものです。それを一時預かりしているだけ。

お礼というのは「預かってください。そしてまた次の人に渡してください」と言われたのと同じです。だから、「はいわかりました。皆さんに喜ばれるように使います」と言って受け取るのが正しい。それを謙虚と言います。善意や好意による申し出は、全部一〇〇パーセント受けること。

実はプロポーズも頼まれ事の一つ。「結婚して」と言われたら「はい、わかりました」と言って一〇〇パーセント受け入れる。

皆さんは、自分が好きで好きでしょうがない人を追っかけ回して結婚するのが一番幸せな結婚だと思っているでしょうけれど、違います。逆。追っかけられて追っかけられて「お願いだから結婚して」と言われたときに、「わかりました」と言って結婚すると、一番楽しく幸せな結婚生活が送れるんです。なぜかと言うと、「私」のほうに切り札があるわけですね。だって向こうから結婚してって言ったのだから、こちらはずーっと強い立場にある。

ただし、こういう心の勉強をしている人は強い立場であるのですから、弱い立場の人に向かって力を行使しないこと。それを〝優しい〟と言います。「うちの子供は親に優しいんだけど」という言い方をする人がいますが、優しいというのは、圧倒的に強い力を持っている人が圧倒的に弱い立場の人にその力を使わないことを言います。

だから「親が子供に優しい」というのは正しい使い方。先生が生徒に対して「優しい」のも正しいし、上司が部下に向かって「優しい」のも正しいのですが、「うちの子供は親に対して優しい」というのは、根源的に間違った使い方です。

そういう勘違《かんちが》いをしているから優しい子供を育てることができない。〝優しい〟という概念が伝わらないからです。優しいというのは、圧倒的に強い立場の者が、圧倒的に弱い者に対して、その力を使わないことを言うんです。わかりました？

今日ここに来ている人の中には主婦の方も多いと思います。皆さんは子供に対して優しい母親かもしれない。そこで是非、お願いです。優しい妻になってください。(笑)ちょっと感情がこもったかもしれません。お願いだから優しい妻になって！　圧倒的に強い立場の者が、圧倒的に弱い立場の者に、その力を使わないこと――それを〝優しい〟と呼ぶんですよ。

結婚というのは五分五分の力で結婚しないほうがいいです。圧倒的に力の強いほうと圧倒的に弱いほうの組み合わせだと、夫婦喧嘩《げんか》は絶対に起きない。そして〝優しい〟という言葉の意味が理解できている人が強いほうにいるほうがいいわけ。そうすると、この強い人は弱い人に力を使わない。弱いほうの人は、立場が弱いから噛《か》みついたり喧嘩を売ったりはしないわけ。……なんかしみじみとしてますね、皆さん。ああ、二十年前にわかっていれば、三十年前にわかっていれば。(笑)

男と女はもともと別な動物なんです。それがわからないと、結局自己の主張をしあってしまうことになります。**人間の体には四〇〇〇ｃｃの**

血液が流れています。男は偉そうにしていますけれど、四〇〇〇ccのうちの四分の一、一〇〇〇ccを失っただけで出血多量で死ぬんですよ。すごく生命力が弱い。それに反して女性のほうは、四分の三の三〇〇〇ccを失っても、まだ死なない。ものすごく強い。いつ死ぬんだっていう問題です。(笑)

男のほうはあまりにも弱い立場、弱い存在なので、強がって強がって偉そうにして、二〇〇〇cc失っても死なないように装《よそお》って女性に対するようになった。女性のほうはあまりにも強すぎるので、ちょっと男性に弱さを見せないといけないというので、横座りをしてヨヨと泣いてみせたり、まるで二〇〇〇cc失ったら死んじゃうような装い方をした。つまり、お互いに二〇〇〇ccを装いながら折り合っているというのが、男と女の世界なのです。

もう圧倒的に強さが違うのだから、同じ土俵《どひょう》で男を責めちゃだめですよ。（笑）地球上には、わかり合えない、全く違う生物がいるんだと思ったほうがいいです。話せばわかるのではない。わからないんです、ずーっと。強い存在と弱い存在がいるだけで、地球上には男類と女類と麺《めん》類が存在するわけ。（笑）

すべてを受け入れると人生が楽しくなります

生まれたときに、死ぬときが決まっています。死ぬときを決めて生まれてきました。とりあえず事実を事実として追っかけてくると、どうしてもそういう結論になる。皆さんも今日ここで小林正観という変な人の話を聞くように、シナリオを書いていたんですよ、生まれる前に。

自分の目の前に起きる現象は全部自分が書いたシナリオだと完全に頭の中を入れ換えることができると、ありとあらゆることに不平不満、愚痴、泣き言、悪口、文句を言わなくなります。だって自分が書いたんだから。「こんなひどい悲惨《ひさん》な人生を自分でシナリオに書くわけがないじゃないか」って私に嚙みついた人がいるんですけど、そう思っていること自体が悲惨な人生を生んでいるんですよ、というのが私の答えです。

●人生には悲惨も裕福もない

人生に悲惨か恵まれているかというのはないんです。たとえば、ものすごく経済的に恵まれた裕福な家に生まれた子供がいるとします。そういう子の五〇パーセント、つまり二人に一人は、裕福なるがゆえにすごくワガママで、どうしようもないやつです。自己中心的に育って、大人になっていきます。あとの半分ぐらいの人は、鷹揚《おうよう》で「金持ち喧嘩せず」という言葉のとおり、人に対して寛大で寛容で温かくて、非常にのんびりとして、人を信じながらニコニコ生きていくタイプの人です。

今度は、ものすごく経済的に困窮《こんきゅう》している家に生まれ育ってきた人がいるとします。すると、その困窮した生活の結果として性格がねじれてグレてしまったという人が二人に一人、五〇パーセントぐらいはいます。一方、若いころからずーっとそういう家で育ってきたがゆえに、人を大事にして、苦労人としてとってもいい人格を養いながら大人になる人もいる。これも五〇パーセント、二人に一人。

結論を言うと、裕福であろうが貧しかろうが、関係がない。必ずどっちも五〇パーセント、五〇パーセントです。自分がどっちの人格になるかというのは、自分でシナリオを書いてきただけのことで、自分の生まれ育った環境には全く関係がありません。

裁判で「この人は幼少のときにすごく苦労しながら生きてきたので、情状酌量《じょうじょうしゃくりょう》を認めてください」というふうに弁護士が言います。裁判長もそれを認めたりするときもある。だから、貧しさは人格形成にマイナスの影響を与える場合があると常識のように通用しているけれど、実は宇宙的には生まれ育ちの状況は関係がない。

新聞でそういう報道がなされてしまうので、なにか宇宙的な法則としてあるように思うけれども、**裕福でも貧しくても全く同じ。どこの生まれ育ちであっても、なんであっても、五〇パーセントずつ。自分の生まれ育った環境や状況に対して愚痴を言うか、言わないかという、そこに分かれ目があるだけ。そこに違いがあるだけです。**

●「ありがとう」は神に向かって言う言葉

「今まで自分の人生はツイていなかった」という人がいます。その人に「ツイてなかったという数を今までどのくらい言いましたか」と聞いてみました。そうすると「二千回ぐらいは言った」と答えました。「では、ツイてなかった現象が二千回ぐらい起きたでしょう」と言うと、そ

の人は帽子をかぶっていませんでしたが、ハットしたみたいです。(笑)
そういう目の前に起こる現象と宇宙とか神とかが密接にかかわってい
るらしいのが、「ありがとう」という言葉を口にした数なんです。
ものすごくツイていて、楽しく幸せな人生だという人がいます。そう
いう人に「〝ありがとう〟をどのくらい言いましたか」と聞いてみまし
た。「八十万回ぐらいでしょうか」と答えたので、「その言った数に見合
うぐらいの楽しいこと、幸せなことが降ってきませんでしたか」と言う
と、「全くそのとおりです」と皆さんおっしゃいますね。
「ありがたし」という言葉があります。日本のお神楽《かぐら》の中では「あり
がたや、ありがたや」とか「ありがたし」という言葉が随分使われます。
この「ありがたし」という言葉は、本来、人間に対して使われるもので
はなくて、神に向かって使われる言葉でした。
起き得ないこと、あり得ないことが起きたときに、これは私たち人間

の力ではなくて神様の力だというので、神に向かって「ありがたし」「ありがたい」と言ったのです。それが人間に向かって使われるようになったのは、室町時代のことです。

神様は自分に向かって使われる言葉として「ありがたし」という言葉をつくりました。結果として、人間が人間に対して使うようになり、人間に向かって使ってもいいことになったのですが、私たちが人間に向かって言ったつもりの「ありがとう」という言葉は、実は全部神様にカウントされているみたいです。

ここのところが唯物論的にわかってしまうと、では「ありがとう」をたくさん言っていくとどうなるのかと知りたくなって、私自身もやりはじめましたし、周りにも何百人とそういうのをやりはじめた人が出てきました。

その中に宮崎県でハマチの養殖《ようしょく》をしている人がいました。養殖ハマチというのは、三年で二キロになるそうですね。三年で二キロにまでして出荷するんだそうです。たまたま私の講演会を聞いたその人は「ありがとう」を言いながら餌《えさ》をやり始めたんです。そうしたら、二年で二キロになった。すると歩留《ぶどま》りが全然違うんだそうです。二年から三年の間に傷ついて死ぬハマチが随分多いそうですけれども、二年だとほとんど死なないんですって。要するに、早く二キロになって、餌が三分の二で済んで、歩留りが上がっていった。結果として、利益は倍になったそうです。

もう一つの例。ある陶芸家がいました。たまたまその陶芸家が小林正観の話を聞いていました。その人は、「ありがとう」を言いながら陶芸の粘土をこねていくと、粘土の中に含まれる水の組成が変わるみたいだと言いました。焼きあがったときに、割れたりヒビが入ったりが四割だったのが、ゼロになったと。

この「ありがとう」と唱えると水の組成が変化するというのは、実際に確認できていることです。ある週刊誌に載った写真があるのですが、スメタナの「モルダウ」という曲を聞かせたあとで水の結晶を撮影したところ、非常にきれいな結晶になった。次にヘビーメタルの曲を聞かせたら、全然結晶しないでグチャグチャになってしまった。今度はショパンの「別れの曲」を聞かせたところ、やっぱり結晶しなかった。でも、チベット密教のお経を聞かせたら、きれいなダイヤモンド型の結晶になった。

そして「ありがとう」と唱えると、やはりきれいな六角形の結晶になったんです。「よくできたね」というのもダイヤモンド型。「愛してます」「感謝してます」などもきれいな結晶になった。一方で、「ムカつく」「殺す」と言ったら、グチャグチャの廃墟《はいきょ》のような形になってしまった。

これは不可思議な世界の研究をしている人の手による実験ではなくて、疑って疑って、ホンマかいなと思っている週刊誌の人たちが実際にやってみたらこうだったというのが、面白いところです。

●老化、アトピーを食い止めた「ありがとう」のパワー

皆さんの体の中には七〇パーセントの水が流れています。人間の体重の七〇パーセントは水ですからね。ただ、ちょっとこれはサービスして言っています。本当は二十歳の人だけ、七〇パーセント。六十歳の人は六〇パーセント、八十歳の人は五三パーセントが水になっています。

つまり、人間の体が年老いてだんだんと小さくなるというのは、実は水がなくなっていってしまっているからなんです。これを「枯れる」と言います。木から落ちたばっかりの葉っぱはまだ緑色をしていて、指で持ってもしなやかです。でも、一か月経った葉っぱを指で握《にぎ》ると、瞬間

的にパリパリと音をたてて崩《くず》れますね。つまり「枯れる」ということは、水分がなくなるという意味なんです。

今日の段階で三十五歳を越えている人というのは、更年期《こうねんき》障害になっている可能性があります。更年期障害になっているかどうかを病院に調べに行く必要はありません。更年期障害の最大の自覚症状というのは、喉《のど》の渇《かわ》き中枢《ちゅうすう》の麻痺《まひ》です。それが老齢老化のはじまり。

だから、病院には行かなくてもいいから、一日に最低二リットルの水を飲むと決めて、今日からはじめてください。最低二リットル、できれば三リットル。みずみずしい肌を保ちたいのであれば、四リットル。十五、六歳ぐらいで稀に七五パーセントぐらい水を持っている人がいるんですけど、こういう人は「水もしたたる」と言いますね。その自分の体の水というのをちゃんとキープするようにする。

それで、その二リットルの水を飲むときに、ある言葉を唱えて飲んでいくと、体がどんどん変わっていきます。私、四十九歳のときに、頭の毛が半分白かったんです。順調にちゃんと中年のおじさんになってきていた。

別に白くなっても困らないんですけれども、そのときたまたま、二十六年間アトピーでずっと苦しんできて、温泉療法もステロイドも民間療法も座禅瞑想をやっても、どうしてもアトピーが治らなくて苦しくて死んじゃいたいと思ったことが何十度とあるという人が、私の目の前に現れました。

でも、そのとき、その人のアトピーはすっかりきれいに治っていました。「どうして?」と聞くと、実は水分をとるときに「正常な細胞にしてくださってありがとう」と言って飲むと良いと誰かから教わったそうです。それで、味噌汁《みそしる》も、コーヒーや紅茶も、緑茶も水も、水分をとるときには必ず「ありがとう」と言って飲むようにしていたら、二週間で腫《は》れが引いて、その後二週間でカサブタが全部とれたそうです。

そのとれたカサブタは全部玄関の脇に接着剤で復元してあると言っていました。玄関に入ると鎧《よろい》のような人間の姿がそこに座っているんだそうです。体中のかさぶたが全部とれた、と言っていました。実際に、その人の肌はツルツルで、まるでゆで玉子のようになっていました。

その人に会ったとき、「あなた、今日初めてお会いする人ですね」と私が聞くと、彼女は「何々家の何子ですよ」と言いました。もう四、五年前からずっと、三か月に一回ぐらい会ってきた人です。「全然顔が違うじゃないですか」と言ったら、前回会ったときはアトピーのブツブツが五ミリぐらい顔にあったので、その谷を全部塗りこんで塗りこんで、そこに目とか口を書いていたんですって。「だから全然違う顔をしていたと思います。でも、今日はすっぴんです」って言っていました。本当にきれいな肌になっていた。

その話は私にとって唯物論的にすごく面白いものでした。小林正観は研究家なので、なんでそうなるの？っていうのはどうでもいいんです。「なんでそうなるの？」というのは萩本欽ちゃんに任せておく。私自身は「こうすると、こうなる」という因果関係を宇宙の唯物論として知りたいんです。なので、「正常な細胞にしてくださってありがとう」と言って水を飲んだ人のアトピーが四週間で完治してしまったという事実に驚いて、私も自分で人体実験をしてみたいと思いました。

ところが、私にはどこも悪いところがない。顔の配置がちょっとズレてるぐらいのもんだ。（笑）

私は体に悪いところが全然ないんですけど、とりあえず何か目に見えて効果が出そうなところというのは、半分白かった頭の毛だったんです。それで「若返らせてくださってありがとう」と言って水を飲みはじめたら、一か月で真っ黒になった。今この頭の毛は全く染めていません。染

めてないんだったら、じゃあ、剥《は》がれるだろうという人がいる。剥がれませんん。(笑)

剥がれないんだったら、上手に植えましたねという人がいる。植えてもいませんん。(笑)

最近いい接着剤があるからって、そういうのでもありません。昭和二十三年生まれですけれども、頭の毛は自毛で、このまま推移しています。

とりあえず「何々してくださってありがとう」と完了形で感謝をしてると、どうも体の中の水分がそのようになるみたいだ。逆に、腹をたてる、怒る、イライラするという感情が水にかかわると、水が壊れるということも覚えておいてください。体の中の七〇パーセントを占める水が、どんどん壊れていくんです。

このように「ありがとう」は水の組成を変えるんだということがわかったら、自分の体の健康をどうして保つかということもわかってきますよね。

●声に出して言う「ありがとう」は二倍の効果

また、たとえば夫が寝静まったところで、耳元で「あなたが大好きよ、よく働いてくださってありがとう」とずっと言っていくと、その言葉は寝ている夫の体の中の水にドンドンドンドンドン影響を与えていって、体の水が正常な細胞になります。

実は、**耳の鼓膜《こまく》の大きさというのは六ミリぐらいで、声帯というのは二十五ミリぐらいあるんです。だから耳は六と六だから両耳で十二ミリ、声帯は二十五ミリ。耳で聞いた「ありがとう」は一の効果であるのに対して、喉《のど》を震わせて自分の声帯で言った「ありがとう」の効果というのは二倍あるわけです。**

だから目の前に寝ている夫に向かって、「よく働いてくれてありがとう」「元気になってくださってありがとう」「健康に生きていてくださってありがとう」と言っていくと、この耳で聞いている寝静まった人も体の中でどんどん元気になっていくんですけど、言っている本人が倍のスピードで元気になるということです。

これを応用すると、完全犯罪ができるということもわかった。寝静まった夫の耳に向かって「あんたなんか大嫌い、早く死んじゃえばいい」と言い続ける。すると、体の中の水が壊れて病気になって十年で死ぬ。ただこれには副作用があって、耳が一に対して口（声帯）は二の効果だから二倍の効果。つまり、半分の五年で自分が死んでしまう。まだこれは方法論として完成してないので、これを不完全犯罪と呼ぶ。（笑）

不完全犯罪をやるよりは、自分のつれあいに「うれしい」「楽しい」「幸せ」「愛してる」「大好き」「ありがとう」「ツイてる」という肯定的な言葉を笑顔で浴びせかけたほうが、相手を死なせるよりいいでしょう。

よく働いてくれて、元気に丈夫に生きてくれたほうがよっぽどいいわけです。人間関係も夫婦関係もどんどんよくなります。

耳で喜びの言葉を聞いた人と、「ありがとう」と自分が声に出して言った人では、一対二の違いがある。声に出したほうが二倍の効果があるんだということを覚えておいてください。

皆さん、今、隣の人の肩に手を置いて、にっこり笑って「ありがとう」と言ってみてください。隣の人のことは考えなくていい。自分の幸せだけを考えて、自分のために言ってください。それで、ものすごく丈夫になりました。

●年齢×一万回の「ありがとう」が巻き起こす不思議な現象

人のために言うのではなくて、自分のために「ありがとう」をたくさん言ったほうが、体や細胞がものすごく元気になるということがわかってしまうと、言わないと損。誰かに向かって「ありがとう」、何かしてくれたら「ありがとう」と言っているのは、まだまだ初心者です。何もしてくれなくて、誰からも何もされないのに、宇宙に向かって「ありがとう、ありがとう」とブツブツ唱えるようにする。ありがとう、ありがとう……と暇なときに言っていると、その数が年齢×一万回を超えたところで面白い現象が起きてきます。

ただし、執着しているとだめ。何も実現しません。執着がなく、「そうなってくれればうれしい、楽しい、幸せだけど……」と思うこと。「そうならなきゃ嫌だ」と思っている場合は、何も起きない。執着していると向こう側とつながらないんです。

一つ例を挙げます。ある七十四〜五歳の男性が目がちょっと悪くなって見えなくなったので、眼科医さんに行ったそうです。そうしたら、緑《りょく》内障《ないしょう》だか白内障《はくないしょう》だか、そういう面倒くさい病気で、手術をしないと三か月後に失明すると言われた。しかし、早急に手術の必要はあるけれども、手術した場合に失明する確率が五〇パーセントあるのだそうです。でも、三か月放置しておいたら間違いなく失明するので、手術をするなら今しかないんだけどどうしますか、と医者から言われた。

その七十四～五の男性は、たまたま小林正観の話を一回聞いたことがあった。そこで考えました。目が見えなくなるのは嫌だけど、成功率五〇パーセントの手術に賭《か》けるのも嫌だ。どっちも嫌なので、三つ目の方法として「ありがとう」をたくさん言ったらなんとかなるんじゃないか、と。

そして三か月の間に八十万回、ありがとうを言ったんですって。そうしたら目が見えるようになった。おかしいというので眼科医に行ったら、目が治っていたんだそうです。七十四～五歳の人が八十万回っていうと、ちょうど年齢×一万回を超えたところだったということですね。

こういう奇跡的な実例が山ほど報告されているので、とりあえず唯物論としては、「ありがとう」という言葉にはものすごい力があるみたいだということだけはわかる。これは間違いない。

まあ、理屈で言うと、「ありがとう」は物理的には体の中の水の組成構造を変える。それで人間の体の中の細胞が全部正常なものに戻るらしいということだけはわかっています。

でも、理屈はどうであれ、それは確かに起きる。宇宙法則というのは、そういうものなのです。本当かなと思う人は、実践してみてください。必ずそうなりますから。

というようなことで、本日のお話はおしまい。今日は長い時間おつきあいいただいて、ありがとうございました。

《参考図書》

◆「笑顔の玉手箱」シリーズ　宝来社
『笑いつつやがて真顔のジョーク集 小林正観 笑いの講演録１』
『お金と仕事の宇宙構造　長者さま養成講座』
『究極の損得勘定　損得で考える宇宙法則』
『究極の損得勘定Part２　１％の仲間たちへ』

◆「未来の智恵」シリーズ　弘園社
『22世紀への伝言』
『こころの遊歩道—一日五分のこころの散歩—』
『こころの宝島—知って楽しい日々の智恵—』
『生きる大事・死ぬ大事—死を通して考える新しい生き方—』
『幸せの宇宙構造—すべての人が幸せになる方法—』
『で、何が問題なんですか—小林正観 質疑応答集—』
『宇宙が味方の見方道
　　—小林正観 見方・考え方・とらえ方実例集—』
『楽に楽しく生きる—小林正観 生き方のエッセンス35—』

『宇宙方程式の研究 小林正観の不思議な世界』　風雲舎
『宇宙を味方にする方程式』　致知出版社
『致知』（2003年１月号）　致知出版社

著者プロフィール

小林正観（こばやし・せいかん）

1948年東京生まれ。作家。

学生時代から人間の潜在能力やESP現象、超常現象などに興味を抱き、独自の研究を続ける。講演には年に約300回の依頼があり、全国をまわる生活を続けていた。2011年10月逝去。

著書に、『宇宙を貫く幸せの法則』『宇宙を味方にする方程式』（致知出版社）、『「そわか」の法則』（サンマーク出版）、『ありがとうの神様』（ダイヤモンド社）、『22世紀への伝言』（廣済堂出版）、『運命好転十二条』（三笠書房）、『こころの宝島』（清談社Publico）ほか、多数。


現在は、正観塾師範代・高島亮さんによる「正観塾」をはじめ、茶話会・読書会・合宿など、全国各地で正観さん仲間の楽しく、笑顔あふれる集まりがあります。

くわしくは、SKPのホームページ（小林正観さん公式ホームページ）をご覧ください。https://www.skp358.com

宇宙を貫《つらぬ》く幸せの法則

平成十八年十一月八日第一刷発行
令和六年六月十五日第十四刷発行

著者　小林正観
発行者　藤尾秀昭
発行所　致知出版社
〒150-0001東京都渋谷区神宮前四の二十四の九
TEL（〇三）三七九六—二一一一
印刷・製本　中央精版印刷
落丁・乱丁はお取替え致します。　（検印廃止）

ISBN978-4-88474-761-9 C0095
ホームページ　https://www.chichi.co.jp
Eメール　books@chichi.co.jp